監修者――加藤友康／五味文彦／鈴木淳／高埜利彦

［カバー表写真］
観兵式
（「日比谷練兵場観兵式之図」望斎秀月画）

［カバー裏写真］
銀製煙草灰皿
（台湾本島の形をしている）

［扉写真］
参謀総長に就任するころの児玉源太郎
（1906〈明治39〉年）

日本史リブレット人089

児玉源太郎
明治陸軍のリーダーシップ

Ohsawa Hiroaki
大澤博明

目次

明治陸軍のリーダーシップ

児玉源太郎（一八五二〜一九〇六）の名は多くの人びとにとって日露《にちろ》戦争の歴史とともに記憶されているかもしれない。二〇三高地《こうち》攻略を指揮した優れた軍人として。あるいは、戦術的才能に加えて、国家戦略を描く政治的能力をもった稀有《けう》な参謀として。

日露戦争において児玉が担ったもっとも重要な役割の一つは、軍事的勝利を政治的成果に結びつける政治決定に大きな影響をあたえたことであった。その意味で児玉を、軍事と政治に通じた指導者としてとらえることには十分な理由がある。

こうした理解は、一〇〇年以上も前からある伝統的児玉論に通じるものがある。単なる軍人という枠におさまらない児玉の多面性を一八九八(明治三十一)年春にでた人物評でみてみよう。

　のちに中国学の大家として知られる内藤湖南《ないとうこなん》▲が新聞記者時代に書いた評論は、児玉を機敏な参謀、兵士のもてる力すべてを引きだすことに長《た》けた部隊指揮官、軍事行政手腕を有する軍政家といった三つの役割を巧みにこなす軍人とみている。明治時代に人物評論で知られた鳥谷部春汀《とやべしゅんてい》▲は、児玉を野戦《やせん》攻城を得意とする参謀や部隊指揮官というよりは、軍服を着けた政治家であると論じている。日清《にっしん》戦争時の軍事行政を手ぎわよく捌き、戦後軍備拡張計画を完成させ、議会で説明を行い同意を取りつけた児玉陸軍次官の力量に注目して、政治家としての成長を予見したわけである。日清戦争後には、児玉が軍人としてだけではなく、政治家として嘱目されていたことがわかる。そして、日露戦後、児玉は総理大臣候補の一人と目され、遠からず首相として優れた業績を残すにちがいないと期待されるまでになった。

　明治・大正・昭和の歴史を通じて、一人の軍人が、参謀そして指揮官として優れ、なおかつ軍政面でも手腕を発揮した例は必ずしも多くない。参謀と野戦

▼**内藤湖南**　一八六六～一九三四年。南部藩鹿角《なんぶはんかづの》(秋田県)生まれの明治・大正・昭和期にかけてのジャーナリスト、東洋史学者。本名虎次郎《とらじろう》。『台湾日報』などの記者をへて、一九〇七(明治四十)年から京都帝国大学で東洋史講座を担当した。

▼**鳥谷部春汀**　一八六五～一九〇八年。南部藩三戸《さんのへ》(青森県)生まれの明治時代のジャーナリスト。本名銑太郎《せんたろう》。新聞記者をへて雑誌『太陽』の主筆となり、政治家・外交官・軍人・実業家など幅広く多くの人物評論を著わした。

攻城の将帥と軍政家に求められる資質や能力には、異なる部分があるからである。これに加えて、政治家としても評価され期待された例となるときわめて少ない。なぜ児玉は軍事と政治の両面に通じた稀有な指導者たりえたのだろうか。その理由を児玉のリーダーシップという観点から理解してゆきたい。リーダー（指導者）の論じ方にはいくつかの方法がある。本書で重視するのは、リーダーとしての児玉の資質よりも行動である。児玉が成功の条件を整えるためにどのように振る舞ったのかを解明したい。そこで念頭におかなければならないのが、つぎのような時代背景である。

普仏戦争（一八七〇～七一年）でプロシアはフランスに勝利した。参謀本部や徴兵《ちょうへい》制が勝敗を分かつ鍵であった。欧州諸国だけでなく、アジアや南米の国でもこれらの制度を模倣しはじめる。日本では参謀本部の前身となる参謀局が早くも一八七一（明治四）年に設置され、同年に建議された徴兵制は、七三（同六）年から施行された。それから数えてほぼ二〇年後の日清戦争と三〇年後の日露戦争を通じて、これらの制度を運用する能力がためされることになった。児玉が軍人として成長した明治時代は、日本陸軍が世界最先端の軍事システムを自家薬籠中《じかやくろうちゅう》のものにしようと苦心し、さまざまな工夫を凝らし、改良を重ねより適合的な仕組みと運用方法を模索する時代であった。

日本陸軍の近代化過程で児玉はどのような役割を果たしたのだろうか。軍人としての階級と役職に対応した児玉のリーダーシップを明らかにすること、そして、そうした軍人としての経験が統治にどのような形で活かされたのかを明らかにすることが本書の課題である。

以下では、軍人時代、政治家時代、日露戦争期、そして日露戦後という四つの時期に区分して、児玉の成長をたどりつつその指導力を理解してゆこう。

①陸軍軍人として

幕末維新の動乱と児玉

児玉源太郎は、一八五二(嘉永《かえい》五)年、長州藩《ちょうしゅうはん》の支藩である周防徳山《すおうとくやま》藩徳山(山口県周南《しゅうなん》市)の武家《ぶけ》に生まれた。幼名は百合若《ゆりわか》。父は児玉半九郎忠碩《はんくろうただひろ》、母モト(元子)、姉に長女ヒサ(久子)、次女ノブ(信子)がおり、長男源太郎は末っ子であった。一八五六(安政《あんせい》三)年、源太郎五歳のときに父半九郎が死去した。

当時の日本は、開国《かいこく》と攘夷《じょうい》をめぐる対外関係と国内政治体制改革が絡み合う大きな政治変動期にあった。攘夷を主張し朝廷に対して大きな影響力をふるった長州藩に対し、孝明《こうめい》天皇▲の意を体して薩摩《さつま》藩と会津《あいづ》藩がクーデタを実行し(一八六三〈文久《ぶんきゅう》三〉年八月)、長州藩は御所《ごしょ》から排除された。権力奪還を目論む長州藩攘夷派は、会津藩兵や薩摩・桑名《くわな》藩兵と交戦し(「禁門《きんもん》の変《へん》」一八六四〈元治《げんじ》元〉年七月)、敗走した。長州征討の勅旨《ちょくし》がくだされ、幕府《ばくふ》は諸藩を動員して長州懲罰戦争(幕長戦争)を行う。長州藩は「朝敵《ちょうてき》」となり、藩内は攘夷を言い張り幕府を非難する「正義《せいぎ》派」(急進派)と、幕府への恭順を主張する「俗論《ぞくろん》派」の軋轢《あつれき》

▼**孝明天皇**　一八三一〜六六年。在位は一八四六〜六六年。仁孝《にんこう》天皇の第四皇子として誕生。鎖国《さこく》攘夷の考えを持した孝明天皇であったが、このとき攘夷を断行することは無謀であるとした。

が始まった。俗論派が優勢となった。

徳山藩の児玉家にも時代の影響がおよんだ。児玉家の家督を継ぎ正義派に身をおいていた義兄次郎彦《じろひこ》は、徳山藩俗論派指導者の暗殺を企て失敗し、俗論派によって殺害されてしまう。児玉家は俸禄《ほうろく》も邸宅も取り上げられた。

長州征討軍の撤兵にともなって、長州藩の形勢はふたたび急変する。正義派が俗論派の武力打倒を唱えて挙兵し藩権力を奪回した。長州藩の権力変動は徳山藩に、ついで児玉家にもおよんだ。一八六五(慶応《けいおう》元)年七月、源太郎は藩命により召しだされて中小姓となり、禄二五石(のちに、一〇〇石)を給せられ家名の相続を許されることになり、元服《げんぷく》して源太郎忠精《ただきよ》と名乗る。一四歳のときであった。

幕末の政治変動はついに戊辰《ぼしん》戦争となり、一八六八(明治元)年十月、新政府の命令により徳山藩も東征軍に加わる。藩は献功隊《けんこうたい》を出征させ、児玉は二番小隊半隊司令士(小隊長)となった。

児玉は長州藩諸隊とともに蒸気船で秋田の土崎《つちざき》港に到着した。秋田佐竹《さたけ》藩を支援し、奥羽越列藩同盟《おううえつれっぱんどうめい》▲側の庄内《しょうない》藩を攻略することが目的であった。しかし、

▼**奥羽越列藩同盟**　一八六八年。明治新政府による会津藩や庄内藩への討伐命令に対して、東北二五の諸藩はその助命を求め、これに越後《えちご》の新発田《しばた》・長岡《ながおか》藩なども加わり奥羽越列藩同盟となった。

献功隊士　髷《まげ》と大小両刀に，洋服・靴・帽子の取合せ。

陸軍中尉時代の児玉

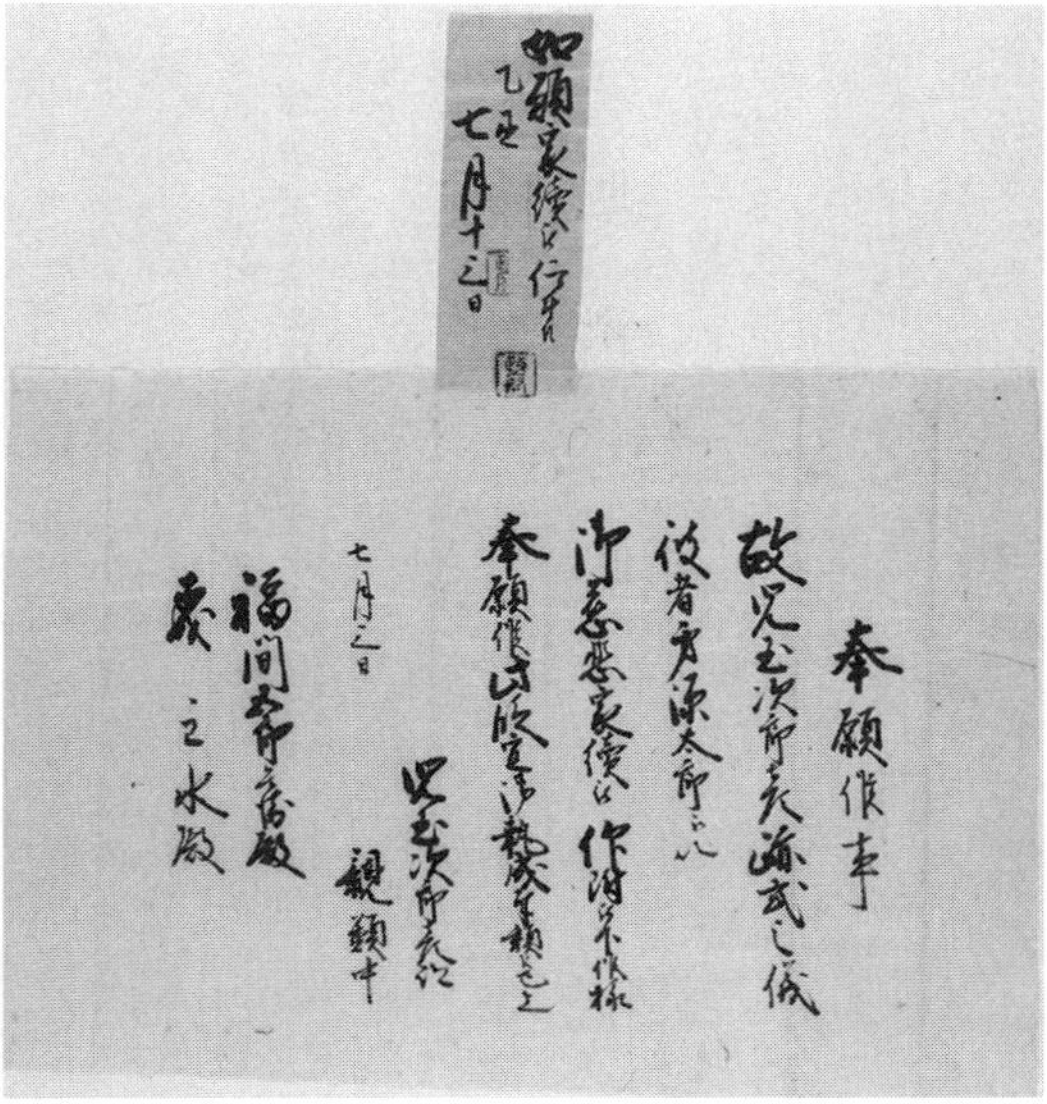

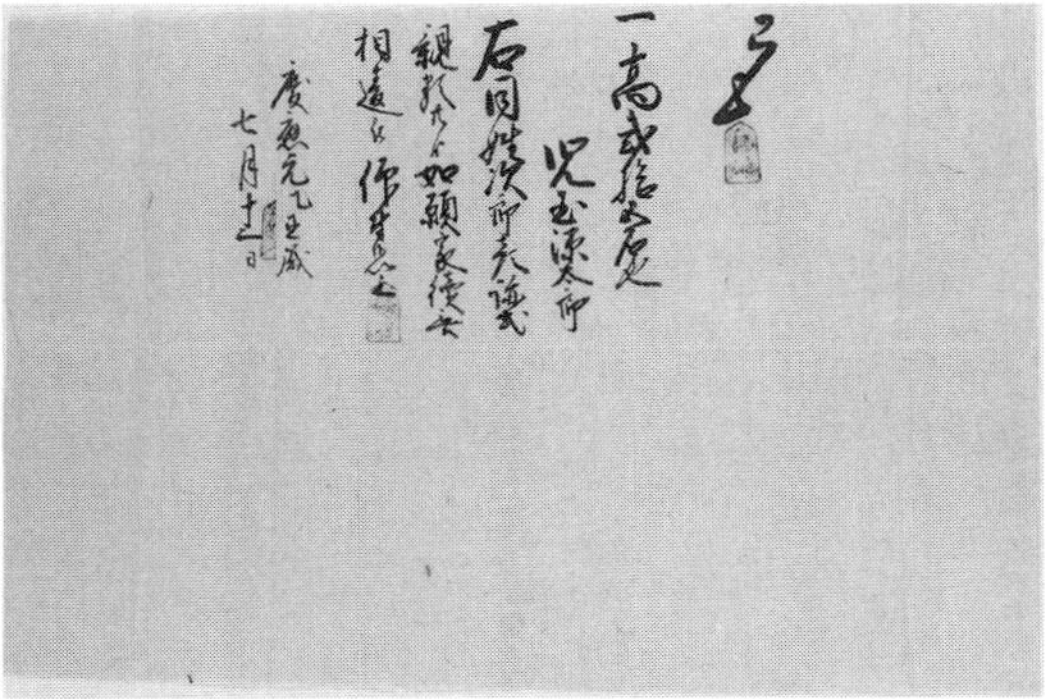

家督相続　源太郎への家督相続嘆願書(上)，家督相続が認められた書付(下)。

隊が到着したときには庄内藩はすでに降伏していた。しばらく秋田に滞陣したのち、児玉らは青森出張を命ぜられ、はじめて経験する冬の東北地方の寒さに身を震わせながら秋田から青森まで険悪な道を歩いていった。箱館《はこだて》の政府軍支援のために青森まで苦労して北上したものの、箱館は榎本武揚《えのもとたけあき》▲・大鳥圭介《おおとりけいすけ》▲らが率いる旧幕府軍に占領され、政府軍は青森に引き上げてしまっていた。児玉たちはむなしく青森に冬営することになった。翌年、新政府は陸路と海路から箱館を攻撃するが、献功隊は青森から船に乗り江差《えさし》に上陸して戦線に参加した。ここで児玉ははじめて実戦を経験する。

箱館の戦闘が終結し、献功隊は東京に凱旋する(一八六九〈明治二〉年六月)。明治政府は将校と下士官養成目的で、京都にフランス式練兵所を設けた。徳山藩の献功隊から児玉らが選ばれ、長州藩の整武隊《せいぶたい》などから選ばれた者とともに教練を受けることになった。長州藩から選ばれたうちの一人が、後年総理大臣になる寺内正毅《てらうちまさたけ》である。

一八七〇(明治三)年六月に下士官から始まった児玉の軍歴は、短期間で昇進を重ねてゆくことになる。翌年少尉となり将校の地位にのぼるや、じきに中尉

▼**榎本武揚**　一八三六〜一九〇八年。江戸《えど》(東京)出身。徳川《とくがわ》幕府・明治期の軍人、政治家。長崎海軍伝習所などで学び、幕府留学生としてオランダに渡り、海軍の学術や国際法を学ぶ。戊辰戦争では幕府艦隊を率いて新政府軍と交戦する。箱館で降伏し赦されたあと、特命全権公使や外相などを歴任。

▼**大鳥圭介**　一八三三〜一九一一年。赤穂《あこう》(兵庫県)出身の幕府陸軍軍人、明治期の官僚。緒方洪庵《おがたこうあん》塾などで蘭学《らんがく》を学び、幕府直臣《じきしん》として洋式兵術を指導し、歩兵奉《ぶ》行《ぎょう》になり、戊辰戦争では榎本軍と合流し箱館五稜郭《ごりょうかく》で抗戦するが降伏。投獄・赦免《しゃめん》後、明治政府に出仕し、駐清特命全権公使などを歴任する。

に進められ、一八七二(明治五)年には大尉となった。一八七四(明治七)年二月の佐賀《さが》の乱《らん》▲鎮圧には、大阪鎮台《ちんだい》に勤務していた児玉も出動し戦場で重傷をおい、右手の自由を失っている。同年八月、熊本鎮台准参謀《じゅんさんぼう》に補せられ、十月には岩永《いわなが》マツ(松子)と結婚し、陸軍少佐に昇進した。

神風連(敬神党)の乱

一八七六(明治九)年十月二十四日、西洋化を推進する明治政府に強い反感をいだく太田黒伴雄《おおたぐろともお》▲らを中心とする士族《しぞく》の一団、神風連《しんぷうれん》が挙兵した。鎧《よろい》を身にまとい、あるいは烏帽子《えぼし》・直垂《ひたたれ》姿で日本刀をたばさみ槍を引っさげた一団一七〇名余は、夜十一時ごろ出発して、熊本鎮台司令長官種田政明《たねだまさあき》▲陸軍少将と鎮台参謀長高島茂徳《たかしましげのり》▲陸軍中佐を斬殺し、熊本県令安岡良亮《けんれいやすおかよしすけ》▲も殺害し、熊本城内にあった歩兵営と砲兵営を襲撃した。神風連は、兵舎に火を放ち、寝入りばなを襲われあわてふためき逃げだす鎮台兵を切りまくった。知らせを聞いて自宅から兵営にかけつけた将校たちが兵をまとめ反撃を開始し、約三時間ほどで戦闘は終った。鎮台側の死者六五人・負傷者一六七人に対し、神風連の戦死者二七人・

▼**佐賀の乱**　一八七四(明治七)年。三〇〇〇人を超える佐賀士族が、征韓《せいかん》や攘夷・旧制度の復活などを唱えて佐賀県庁を襲撃した。

▼**太田黒伴雄**　一八三五〜七六年。熊本藩生まれの神道家《しんとうか》。神風連の乱では、熊本鎮台砲兵隊を襲撃し、銃弾を受け重傷を負い自刃。

▼**種田政明**　一八三七〜七六年。薩摩藩(鹿児島県)出身の軍人。一八七六(明治九)年六月に熊本鎮台司令長官。

▼**高島茂徳**　一八四四〜七六年。沼津《ぬまづ》(静岡県)出身の明治初期の軍人。一八七五(明治八)年に熊本鎮台参謀長。

▼**安岡良亮**　一八二五〜七六年。土佐《とさ》藩(高知県)出身の地方官。一八七五(明治八)年から熊本県令(のちの県知事)。神風連蹶起《けっき》情報を受けて対策協議中のところを襲撃される。

自刃八八人というすさまじさであった。

異変の知らせを受けた児玉は、まず鎮台司令長官宅にいくことにした。鎮台を含め三カ所から火災が生じていた。火の手が闇を赤々と彩るなか、血刀を引っさげて走りまわる人影に身の危険を感じて、火事見物の野次馬もいなくなっていた。異様な雰囲気のもと、辿り着いた種田宅で児玉がみたものは、負傷して血まみれになった司令長官の愛妾おかつ（小勝）と、首を掻き斬られた種田の遺体であった。▲一連の出来事を児玉は士族反乱ととらえ、兵営に連絡をとり鎮台を襲撃した士族勢力を討伐するよう命令をだし、種田司令長官が健在であると知らせ種田宅に護衛兵を派遣するよう措置した。種田殺害を伏せてその健在をあえて示したのは、鎮台側の士気沮喪《そそう》を防ぐためであった。護衛の部隊が到着したころには、鎮台兵が反乱を鎮定し火事も鎮火し銃声も止んでいた。

福岡の秋月《あきづき》▲でも士族の武装反乱が生じていることがわかった。児玉にとって最悪の事態は、神風連の乱が引き金となって、山口や福岡の士族と鹿児島の私《し》学校《がっこう》党が一斉に蜂起することであった。そうなれば、鎮台兵は北と南から挟みうちされてしまう。

▼**種田の遭難**　襲撃を受けて、おかつが父親の許に打ったとされる電報「ダンナハ　イケナイ　ワタシハ　テキズ」（旦那はいけない、妾《わたし》は手傷）は、人口に膾炙《かいしゃ》した。

▼**秋月の乱**　一八七六（明治九）年十月二十七日、旧秋月藩の士族二〇〇余人が熊本の神風連に呼応して蹶起し、北上して山口県萩《はぎ》に渡ろうとするが、熊本鎮台小倉《こくら》営所の兵に攻められて敗れる。

▼**西郷隆盛**　一八二七～七七年。薩摩藩出身。幕末から明治維新期にかけて指導的役割を果たした軍人、政治家。一八七三（明治六）年、朝鮮への使節派遣をめぐる政争を機に辞職し、鹿児島に帰り、私学校をつくり士族子弟の教育にあたる。西南戦争に敗れ城山《しろやま》で自刃。

熊本鎮台司令長官代理として児玉は、鎮台兵の士気を奮い立たせ、熊本で武装蜂起が打ち続くことを牽制《けんせい》するため、神風連追撃隊を組織して城外に繰りださせ、福岡の久留米《くるめ》に向かっても示威のために派兵し、あわせて鹿児島の情勢を探知することにつとめた。最悪の事態を想定し、客観的情報を収集し、手持ちの手段をもって状況の更なる悪化を防ぐ措置をとったということができる。

西南戦争

一八七七(明治十)年二月、南国鹿児島ではまれな大雪のなか、西郷隆盛《さいごうたかもり》▲を擁して鹿児島私学校党を中心とする薩軍が決起し、熊本に向かった。地租改正《ちそかいせい》反対の農民一揆《いっき》と各地で頻発した士族反乱が連動しないよう、政府が地租を三%から二・五%に軽減したのは、この年の一月のことであった。

薩軍側は、薩摩出身の熊本鎮台参謀長樺山資紀《かばやますけのり》▲陸軍中佐が寝返り、鎮台兵を率いて味方すると期待していた。西郷は谷干城《たにたてき》▲熊本鎮台司令長官に対して鎮台兵を西郷陸軍大将の指揮下におくことを求めた。ところが、樺山を含む鎮台幹部は、西郷が大勢の私兵を率いて上京することは国法の許すところではないと

▼**樺山資紀**　一八三七〜一九二二年。薩摩藩出身。明治期を中心に活躍した軍人、政治家。一八七一(明治四)年、陸軍少佐。陸軍少将のまま海軍に移り、一八九〇(明治二十三)年に海軍大臣となる。勇猛果敢で知られ、日清戦争では海軍軍令部長となり海戦を督励し、勝利は「天祐《てんゆう》六分に樺山三分、あとの一分が鉄砲玉」などとうたわれた。海軍大将。

▼**谷干城**　一八三七〜一九一一年。土佐藩出身の軍人、政治家。一八七一(明治四)年、陸軍大佐。西南戦争で熊本鎮台を死守した将軍として内外にその名を知られる。保守主義を掲げる新聞『日本』を支援し、貴族院議員として侃々諤々《かんかんがくがく》の政府批判を吐く硬骨漢《こうこつかん》として鳴らした。陸軍中将。

熊本鎮台　1871（明治４）年設置。

神風連の乱（永嶋孟斎《ながしまもうさい》画「熊本の賊徒を討伐の図」）

西南戦争（銀光《ぎんこう》画「熊本城戦争の図」）

薩軍の求めを突っぱね、薩軍の通過を阻止する回答を行った。

谷司令長官は守城の決意を固めた。鎮台がおかれていた熊本城は官軍側の一大拠点であり、熊本城の落城は全国各地の反政府勢力の武力蜂起を誘発しかねなかった。野戦《やせん》で薩軍を撃破する策をとらず籠城戦《ろうじょうせん》に決めたのは、鎮台兵の士気や熊本士族の動向などを考慮したからであった。

神風連の乱の傷跡はいまだ癒えておらず、鎮台兵の士気は高いとはいえなかった。暗夜に営門などの警備にあたった兵は、犬がたてた物音に敵襲かと驚き発砲するほどびくびくしていた。また、鎮台兵が熊本城から打って出て薩軍と戦えば、その隙を突いて鎮台襲撃をはかる士族勢力も存在した。神風連の乱後も熊本城下では不満をいだく士族が方々で謀議を凝らしていた。彼らは政府打倒という目標を薩軍と共有した。一方は、西洋化の風潮や西洋諸国との不平等条約などに不満をいだく保守的な勢力であった。池辺吉十郎《いけべきちじゅうろう》▲を領袖とし、のちの熊本国権《こくけん》党の指導者になる佐々友房《さっさともふさ》▲が参加した熊本隊である。他方は、民権派の協同隊であり、後年孫文《そんぶん》と親交を結び中国革命を支援した宮崎滔天《みやざきとうてん》の長兄宮崎八郎▲が参加していた。西郷の帝国・武断主義と民権派とでは、主義や理

▼**池辺吉十郎**　一八三八～七七年。熊本藩出身。藩内保守派の領袖として活動する。明治政府の外交に強い不満をいだき、西南戦争では熊本隊を組織し薩軍に投じ、各地を転戦するなか捕縛され斬刑に処せられる。

▼**佐々友房**　一八五四～一九〇六年。熊本藩出身の明治時代の政治家。西南戦争で捕えられ懲役一〇年の刑に処される。第一回衆議院議員選挙に当選し以降連続当選する。自由党や改進《かいしん》党に対抗した国民協会や帝国党の中心メンバーの一人として活躍し、「政界の策士」と呼ばれた。

▼**宮崎八郎**　一八五一～七七年。熊本藩出身の自由民権運動家。一八七四(明治七)年に征韓策を建言し、台湾出兵時には熊本で義勇隊《ぎゆうたい》を組織して参戦。ルソーの『民約論《みんやくろん》』によって県民会の開設運動を起こす。西南戦争では協同隊を結成し、薩軍に投じ戦死する。

想が相反するのではないか。こう問われた宮崎八郎は、以下のように答えた。すなわち、まず西郷の力を利用して政府を打倒し、その次に西郷と主義をめぐって決着をつける、と。

鎮台は、武器弾薬や糧食をたくわえ、城内の守備部署を決定し城の縄張りの要所に守備兵を配置し、籠城戦の体制を整えた。鎮台側の兵力は約三三〇〇人で、対する薩軍は約一万三〇〇〇人であった。ところが、二月十九日午前十一時すぎ、熊本城本丸御殿《ほんまるごてん》や天守閣《てんしゅかく》などが炎上する。この火災については、鎮台側が戦闘に不要な建造物を焼き払ったとする自焼説、薩軍などによる放火説、あるいは失火説が今日まで唱えられており、議論の決着はついていない。

このとき、児玉は熊本城守兵配置図を焼失から守り、弾薬の引火爆発を防ぐ重要な役割を果たしている。火を噴く隅櫓《すみやぐら》の下に弾薬庫があり、櫓が弾薬庫の上に焼け落ちてくるかもしれなかった。弾薬を取りだそうにも火の粉がふりかかるのでいつ引火爆発するかわからない危険な状態である。弾薬庫から弾薬を運びだせと児玉が叫んでも、みな怖じ気づいて誰も弾薬庫に近づかない。人は一片の命令で、そうやすやすとみずからの命を賭けるようなことはしない。兵を動かすには、将校が身の危険を顧みず率先して事にあたる勇気を示し、兵の信頼を呼び起こすことが必要だった。児玉は砲兵大尉北川龍蔵《きたがわりゅうぞう》▲と弾薬庫の屋根にのぼり、早く火薬を取りだせ、早く取りだせと躍起になって号令した。これに勢いをえて弾薬を取りだす決死の作業が始まった。天守閣は火につつまれ一本の巨大な火柱が大地の上に立ったように燃えていた。そして、大音響とともに隅櫓が崩落しはじめた。偶然にも、隅櫓は弾薬庫とは逆方向に焼け落ちた。児玉は九死に一生をえた。

　児玉のリーダーシップは、その後の歴史を左右するほどの意義があった。熊本鎮台にいた徴兵《ちょうへい》は鹿児島をはじめ熊本や福岡など九州出身者であり、熊本城炎上とともに鎮台から逃げだして薩軍に投じてもおかしくはなかった。しかし、脱走兵はでなかった。将校や威厳のある服装に身をつつんだ文官も、兵卒とともに必死になって弾薬を運びだした。そうした姿を身近でみた鎮台兵は、鎮台の将校らが勇ましくたのもしい存在であることを実感し感動した。武士身分出身の児玉ら将校が、軍隊での地位の高低に関係なく、部下の平民《へいみん》出身の鎮台兵とともに危険をおかし死地をくぐりぬけ、みごと弾薬確保に成功した。このこ

▼**北川龍蔵**　児玉の籠城談では「龍蔵」となっているが、あるいは、土佐藩出身の軍人北川柳造(一八五〇?〜一九〇五?)か。西南戦争時は、熊本鎮台勤務の少尉試補。一八八五(明治十八)年に砲兵大尉、一八九七(同三十)年に砲兵少佐。

とが鎮台将兵の士気喪失を防ぎ、かえって籠城する人びとに一体感をあたえ強い団結心を生み出すきっかけになったのである。児玉の鼓舞によって醸成されたこの一体感が、熊本城を守りとおすことができた根本要因であった。

上官と部下との強い連帯感は兵士の戦闘意欲を掻き立てる主要な要因の一つである。将校と下士官・兵が信頼しあうこと、戦友同士の一体感・連帯感が戦闘力の源泉であり、そうした感情につつまれた軍隊は強い。協同隊の宮崎八郎らは火災の混乱に乗じて熊本城占領を思いついた。しかし、守備兵が規則正しく消火活動に従事しているのを目撃して企てを諦めた。熊本城が炎上しても兵卒は狼狽《ろうばい》しなかった。この状況を見て、熊本隊の池辺も鎮台兵をけっしてあなどれないと直感した。

これに対して薩軍は、鎮台兵の戦闘力を低く見すぎていた。先鋒隊を率いる別府晋介《べっぷしんすけ》▲は、熊本城攻略策を問う池辺に、鎮台をただ一蹴してすぎるだけであり、方略など必要ないと応えた。薩軍の行動はそれを裏づけた。徴兵▲の能力を見くびっていた薩軍は、熊本城炎上後、糧食を買い集める鎮台兵と熊本の町中ですれ違っても攻撃すらしなかった。熊本鎮台を落とすことなど朝飯前のこと

▼**別府晋介**　一八四七～七七年。薩摩藩出身の軍人。一八七一（明治四）年、陸軍大尉。翌年、朝鮮視察に赴き、陸兵二・三個中隊あれば朝鮮を攻略できると主張するも、一八七三（明治六）年に西郷の下野《げや》にともない辞職。西南戦争では薩軍第六番大隊長として参戦し戦死する。

▼**徴兵**　一八七三（明治六）年一月、徴兵令が公布された。当時陸軍少将で熊本鎮台司令長官をつとめ、西南戦争時は薩軍の幹部であった桐野利秋《きりのとしあき》（一八三八～七七年）は、農民を集めても役には立たない、兵は士族から集めるべきだと徴兵制を批判した。

と高をくくっていたからである。

　薩軍の予想と違って鎮台兵は手強かった。薩軍の将兵のなかには、士族以外の若者でも鋤鍬《すきくわ》やそろばんにかえて銃をとれば立派な武士となり、みごとに戦っている、日本も末頼もしいと鎮台兵を賞讃するにいたった者もいた。

　薩軍は熊本城を取り囲み、城の北方に進出して政府軍の来援を阻む作戦をとった。戦線は膠着し籠城も長引き、鎮台側の弾薬や糧食はつきかけた。そこで、薩軍の包囲を突破して官軍と接触をはかる作戦が実行された。うまくゆけば、糧食と援軍を迎え入れることができる。突撃が失敗して全員が戦死しても、その分だけ籠城者が食いつなぐ日数を延ばすことができる。ぎりぎりの選択をせざるをえないところまで鎮台側は追い込まれたのである。

　四月八日、死中に活を求めて陸軍歩兵少佐奥保鞏《おくやすかた》▲率いる突囲隊《とついたい》は薩軍の熊本城包囲網を突破し、政府軍と連絡をとることに成功し、四月十四日には山川《やまかわ》浩《ひろし》▲陸軍中佐率いる部隊が入城した。苦しかった籠城が終ることを知った将兵は、いっせいに鬨《とき》の声をあげ喜びを爆発させた。戦闘で負傷した者も杖をつき、あるいは僚友に肩をかかえられて援軍を見に集まった。それまでは動くことも

▼**奥保鞏**　一八四六～一九三〇年。小倉《こくら》藩（福岡県）出身の軍人。一八七一（明治四）年、陸軍大尉心得。神風連の乱では熊本鎮台の大隊長として乱の鎮圧にあたる。沈《ちん》勇《ゆう》と剛毅《ごうき》をうたわれ、用兵家としての経験と知識で一頭地をぬく名将となる。政治に関与することを避け、同郷閥《ばつ》をつくることにも反対した。陸軍大将、元帥。

▼**山川浩**　一八四五～九八年。会津藩（福島県）出身の軍人、政治家。藩の家老《かろう》として会津戊辰戦争で奮戦する。一八七三（明治六）年に陸軍少佐。熊本入城時は、別働第二旅団右翼指揮官。「鹿鳴館《ろくめいかん》の華」とうたわれた妹の捨松《すてまつ》は大山巌と結婚する。陸軍少将。

ままならなかった重傷者も病床に起き上がったり戸外にでた。

籠城戦の経験は、食糧・武器弾薬・衛生など兵站《へいたん》の重要性を鎮台の将兵や明治政府の指導者に印象づけた。これなしには戦いどころではなく、餓死が待っていた。衛生も重要であった。排泄物を処理する場所が限られ、気候によって臭気が激しくなりウジ虫が湧く。戦闘による遺体の埋葬場所も限られていた。のちの日清戦争で、児玉は陸軍次官として籠城戦の経験を活かすことになる。

東京鎮台歩兵第二連隊長

一八八〇(明治十三)年四月、児玉は陸軍歩兵中佐に昇進し、東京鎮台歩兵第二連隊長に任ぜられる。営所は千葉県の佐倉《さくら》である。歩兵連隊は三個大隊からなり、一大隊(約八〇〇人)は四個中隊で編制されていた。大隊長には少佐が、中隊長には大尉が任ぜられる。児玉が連隊長として指揮する部隊には三人の大隊長と一二人の中隊長をはじめとする二〇〇〇人を超える将校・下士官・兵がいることになる。

児玉連隊長の業績を陸軍上層部がどのように評価していたのかを検閲《けんえつ》報告に

▼**乃木希典**　一八四九〜一九一二年。長州藩出身の軍人。西南戦争時には熊本鎮台の歩兵第十四連隊(小倉)の連隊長として戦う。一八七八(明治十一)年に東京鎮台歩兵第一連隊長、八三(同十六)年に東京鎮台参謀長。このころまでの乃木は陸軍きってのハイカラで、おしゃれに気をつかい芸者衆にもよくもてた。陸軍大将。

よってみておこう。陸軍の定期検閲は陸軍首脳が将校の進級を決定する際の資料となり、検閲使(陸軍将官が任じられる)の報告は明治天皇に上奏《じょうそう》される。

まず、一八八〇年秋の段階から。児玉率いる歩兵第二連隊は、軍紀と風紀は厳粛で、士気は旺盛、兵は武器の取扱いによく通じている。他方、士官や下士官の学科は未熟で、兵卒の教育に十分でない点も若干見受けられる。しかし、前年と比較すればあらゆる面で大きな進歩を示しており、将来おおいに期待できる、と記されている。児玉が連隊長として赴任して一年もたたないうちに連隊の状況がよい方向に大きく変化したことがわかる。

翌一八八一(明治十四)年四月、児玉歩兵第二連隊長(東軍)と乃木希典《のぎまれすけ》▲歩兵第一連隊長(西軍)を司令官とする東京鎮台の対抗演習が行われた。東軍は銚子港《ちょうし》に上陸して佐倉城をぬき東京城を襲おうとし、西軍は東軍の企図を察知し東京城から進んで東軍に先んじて佐倉城救援に向かうという想定であった。四月十四日払暁《ふつぎょう》、両軍遭遇して午前五時すぎに戦端を開き、同七時ごろ東軍が兵力を集中して西軍に突撃を行い、猛烈な攻撃を加えた東軍が西軍を圧倒して演習は終了した。この演習の勝敗判定は児玉(東軍)が六分、乃木(西軍)が四分だった。

児玉と乃木の対抗演習に関して、キテン(希典・機転)の利《き》かぬノギツネ(乃木)(野狐)を、児玉(小銃弾)七分で打ち上げた、という児玉の歌が伝えられている。七分三分で児玉軍が乃木軍を圧倒したのだという狂歌《きょうか》であり、児玉と乃木の気のおけない友人関係が示されている。乃木は、放胆であると同時に注意深い作戦計画に基づき部隊を思いどおりに動かす児玉の卓越した指揮ぶりを証言している。

一八八三(明治十六)年の歩兵第二連隊仮設敵演習評価では、演習計画はよく練られ、戦闘隊形の展開や開戦する際の諸隊の配置と運動、小銃射撃の緩急なども合理的に実行され、全体として満足すべき水準に達しているとされている。繰練は概して熟練し、野外演習は臨機応変の指揮がなされ、兵卒の進退運動も活発であった。東京鎮台の繰練水準は、歩兵第一連隊が少し熟練した程度、第三連隊が少し進歩したもののいまだ熟練の域にはいたらない水準であった。第二連隊の練度は一頭地をぬいたものであった。児玉連隊長のもとで大隊長をつとめた安東貞美《あんどうていび》▲・浅田信興《あさだのぶおき》▲の二人がのちに陸軍大将になっている。児玉連隊の高評価は、部隊の指揮・教育に熱心な上司と、期待に応えて力を発揮した部下

▼**安東貞美**　一八五三〜一九三二年。飯田《いいだ》藩(長野県)出身。一八八三(明治十六)年二月に陸軍少佐・歩兵第二連隊第三大隊長となり、八四(同十七)年三月に陸軍士官学校教官に転じている。

▼**浅田信興**　一八五一〜一九二七年。川越《かわごえ》藩(埼玉県)出身。安東の転出を受けて歩兵第二連隊の大隊長に就き、一八八五(明治十八)年五月に下士官養成機関である教導団の歩兵大隊長に転じている。

児玉源太郎（1879〈明治12〉年ごろ）

乃木希典（1879年ごろ）

諸隊大調練の図（楊洲《ようしゅう》周延《ちかのぶ》画，1883〈明治16〉年）

の相互作用によってもたらされたものということができよう。

一八八四(明治十七)年秋季検閲報告書は、歩兵連隊長としての児玉の到達点を示している。東京鎮台歩兵第二連隊は、軍紀・風紀はもっとも厳粛で、士気はふるい、教育訓練も行き届き、将校以下よく職務に勉励している。とくに射的術は熟練している。全体的にみて問題点がなく、前年に比較して顕著な進歩を示している。これは児玉連隊長の部下将校に対する教育が適切であったこと、将校以下がおのおのの職務に精励した結果であると記されている。東京鎮台の歩兵第一、第三、第十五(新設)連隊評価に比較して抜群の高評価であるし、児玉の連隊は全国歩兵連隊のなかでも最上級の評価をえたのであった。

参謀本部局長

一八八五(明治十八)年五月、児玉は、参謀本部管東局長(のちに、第一局長)に任ぜられた。参謀本部は、国防計画の立案や作戦用兵をつかさどる陸軍の軍令機関であり、予算や人事などの軍事行政を担う陸軍省とならぶ陸軍中央官衙《かんが》である。

▼**伊藤博文**　一八四一〜一九〇九年。長州藩出身の明治期最高政治指導者の一人。明治政府内の開明派官僚として頭角をあらわし、立憲制導入に力をつくす。一八八五(明治十八)年、初代内閣総理大臣となり、四次にわたって組閣した。明治天皇の深い信任をえた抜きん出た存在であった。

▼**李鴻章**　一八二三〜一九〇一年。清末の政治家で、日本や欧米諸国でもその名が知られた清朝の実力者。日本との関係では、沖縄・朝鮮をめぐる交渉や北洋水師《ほくようすいし》と呼ばれた有力な艦隊によってその存在感を示した。日清戦争の敗北を受けて、清側全権として下関《しものせき》で講和《こうわ》条約に調印した。

一八八四(明治十七)年末、朝鮮開化派のクーデタが失敗し、日本公使や公使館は清兵や朝鮮兵の攻撃を受け居留邦人も多数殺傷された(甲申事変《こうしんじへん》)。日本国内では対清開戦論が沸き上がった。翌年春、穏健派の伊藤博文《いとうひろぶみ》▲が国内の開戦論を押さえて李鴻章《りこうしょう》▲と交渉し、天津《てんしん》条約▲を結んで紛争解決をはかった。伊藤―李交渉が行われていたとき、中央アジアでの対立激化によってイギリスは、ロシアのウラジヴォストークを攻撃する拠点として朝鮮巨文《きょぶん》島を占領した。その余波を受けて、横浜港ではロシアの軍艦がイギリス軍艦に砲口を向ける事件が生じている。西洋列国は日本の主権を無視する姿勢を示した。某外国武官が自国兵一個師団もあれば日本陸軍を蹴散らしてみせると豪語したように、列国は日本の軍事力を見くびっていた。その分だけ日本の主権も軽んじられていたのである。こうした状況のもと、参謀本部の局長として児玉は、対馬《つしま》・隠岐《おき》・佐《さ》渡《ど》・沖縄・大島《おおしま》・小笠原《おがさわら》諸島などの島嶼《とうしょ》警備の必要性を山県有朋《やまがたありとも》▲参謀本部長に上申《じょうしん》し、防禦策の具体化をはかった。

児玉が参謀本部局長の任にあった時期は、さまざまな制度改革が進行しつつあった。政治的には太政官《だじょうかん》制を廃して内閣制を創出するなど、立憲《りっけん》政治への

▼**天津条約**　一八八五(明治十八)年調印。日清両軍の朝鮮からの撤兵を定め(第一条)、欧米から軍事教官を招聘して朝鮮軍の教練にあたらせること(第二条)、将来の朝鮮への出兵手続き(第三条)を定めた日本と清とのあいだの条約。不法行為を行った清軍人の処分は曖昧《あいまい》になったが、朝鮮をめぐる日清関係の好転と東アジア秩序の安定化をもたらした。

▼**山県有朋**　一八三八〜一九二二年。長州藩出身の明治・大正期の最高指導者の一人。長らく陸軍の第一人者としての位置を占め、陸軍のローマ法王と称される。二度にわたって首相をつとめ、官僚や軍人を中心に巨大な山県閥を形成して、晩年まで大きな影響力をふるった。陸軍大将、元帥。

対応が進められた。陸軍では鎮台制から師団制への組織換えを行い、ドイツからメッケル▲少佐を招いて陸軍大学校▲で軍事専門教育の充実をはかるなど、大きな改革を実行していた。

メッケルが児玉を将来の日本陸軍を担う人物として高く評価していたことはよく知られている。陸軍官衙や諸隊の編制などの改革に関する知識と構想を、メッケルから引きだしたのが児玉であった。児玉は臨時陸軍制度審査委員をはじめとして、数多くの審査・調査委員を兼任し、毎週二回、専門領域に精通する陸軍将校をともないメッケル宅を訪れその講義を聴き、陸軍省と協議し、改革を実行に移すという職務を遂行した。

陸軍内で大きな関心を呼び児玉も係わりをもった問題の一つに、砲兵編制論争がある。砲兵一連隊は野砲《やほう》二個大隊（四個中隊）と山砲《さんぽう》一個大隊（二個中隊）をもって編制すると定められていたが、師団砲兵の編制をめぐって砲兵隊編制審査委員内部で議論が生じた。審査委員は陸軍省砲兵局長大築尚志《おおつきなおし》▲陸軍砲兵大佐を長とし、大佐から少佐までの佐官級陸軍軍人一〇人であった。一〇人中七人が砲兵科で、その他は参謀本部陸軍部第一局長（児玉歩兵大佐）、同第二局長（小川《おがわ》

▼**メッケル**　一八四二〜一九〇六年。ドイツの軍人。日本陸軍のドイツ士官招聘《しょうへい》を受けて派遣される。一八八五（明治十八）年から八八（同二十一）年まで陸軍大学校教官。陸軍少将。

▼**陸軍大学校**　一八八三（明治十六）年四月開設。若手将校が選抜されて入学する高級教育機関。陸大卒業生は、師団や軍の参謀、参謀本部や陸軍省などの中央官衙勤務が多く、昇進も速かった。後年、視野の狭い参謀養成機関になったと陸大教育の弊害も指摘されている。

▼**大築尚志**　一八三五〜一九〇〇年。佐倉藩（千葉県）出身の軍人。蘭学に通じ幕臣《ばくしん》となる。明治新政府のもとで、一八七一（明治四）年、陸軍中佐。一八七八（明治十一）年、砲兵局長。陸軍中将。

参謀本部　1878(明治11)年設置。

陸軍大佐時代の児玉(1885〈明治18〉年)

メッケル

又次《またじ》▲歩兵大佐）と同第一局第二課長（小坂千尋《こさかちひろ》▲参謀少佐）という顔ぶれであった。

議論の焦点は、師団砲兵を山砲のみとするかそれとも山砲と野砲を併用するかという点にあった。山砲は、野砲よりも砲身《ほうしん》と砲架《ほうか》の重量が少なく分解して運べるという移動性や利便性に優れるものの、射程距離や砲撃の威力では野砲におよばない。山砲中心の編制は山がちな日本の地勢にふさわしいが、乾いた広大な直隷《ちょくれい》平原が広がる清《しん》の地形では野砲を必要とした。

一〇人の委員中九人が山野砲併用論であった。山野砲併用説は国土防禦と外戦の両方への対応を考慮したわけである。併用論をさらに細かくみると、野砲中心説（小川ら五人）、山砲中心説（小坂ら三人）、山野砲均分説（大築）に分かれた。

これに対し一人児玉は、国土防禦用には山砲を専用するのが当然と論じ、国土防禦が急務である日本の現状では師団砲兵は野砲を全廃し山砲六中隊の一連隊を編制すべきと主張した。

砲兵隊編制論で児玉は国土防禦を主とし、外征を副次的なものと位置づけ、それに対応する編制論を主張した。これに対し小川は、できるだけ早期に軍備を整備して清を攻撃しようとする考えをいだいていた。参謀本部のなかでも国

▼**小川又次**　一八四八〜一九〇九年。小倉藩（福岡県）出身の軍人。一八七一（明治四）年、権《ごん》曹長心得。熊本鎮台の歩兵大隊長心得のときに神風連の乱に遭遇し、西南戦争では熊本城に籠城する。一八八五（明治十八）年、参謀本部第二局長。メッケルにその戦術的才能を評価され、「今謙信《いまけんしん》」と呼ばれた。陸軍大将。

▼**小坂千尋**　一八五一〜九一年。長州藩出身の軍人。一八七〇（明治三）年、フランスに留学し、サンシール陸軍士官学校や参謀学校で学ぶ。帰国後は参謀本部や陸軍大学校に勤務し、一八八五（明治十八）年九月に、参謀本部第一局第二課長。

土防禦を重視する考えと、外征(対清戦争)を第一義とする考えの二潮流があったということができるだろう。

一八八七(明治二十)年四月の「戦時一個師団編制」(案)では、児玉やメッケルの考案に基づき師団砲兵隊は砲数三六門の山砲兵連隊として記されていた。しかし、一八八九(明治二十二)年三月に、師団砲兵連隊は野砲二個大隊・山砲一個大隊をもって編制することが最終的に決められた。

陸軍次官

一八八七(明治二十)年六月、児玉は陸軍の教育をつかさどる監軍部の参謀長に転任し、八九(同二十二)年に陸軍少将に昇進した。一八九一(明治二十四)年十月には軍事視察のために欧州に旅立ち、翌年八月に帰国し、ほどなくして陸軍次官に任命された。

児玉新次官を紹介する新聞のなかには、児玉伝説を紹介するものもあった。神風連の乱を知らせる第一報が東京に達したときの話である。山県有朋や大山《おおやま》巌《いわお》▲などの陸軍首脳がその後の展開を懸念していたところ、児玉が無事である

▼**大山巌**　一八四二〜一九一六年。薩摩藩出身の軍人。西郷隆盛の従弟。陸軍卿・陸軍大臣を通算一三年以上もつとめ、山県有朋につぐ陸軍の実力者としての地位を占める。茫洋《ぼうよう》としてとらえどころのない人物などといわれるが、実際は鋭い感覚を有し、数学にも通じた人物であった。陸軍大将、元帥。

かぎりけっしてうれえる必要はないと野津鎮雄《のづしずお》▲陸軍少将がいったという挿話である。児玉さえ生きていれば大丈夫と語った人物は、資料によっては山県であったり山田顕義《やまだあきよし》▲であったりする。事の真偽はともかく、こうした逸話とともに児玉は政界にも知られる存在になってゆく。

児玉にとって国土防禦体制整備という課題はまだ残っていた。一八九三(明治二十六)年三月、参謀本部は「国防に関する施政の方針及び作戦計画要領」を作成し陸軍省に内牒《ないちょう》した。参謀本部と児玉陸軍次官とのあいだで、要港に防禦砲台を建設すること、北海道と四国防衛のために部隊を増設すること(四国には混成旅団を新設する)や要地守備に必要な部隊数と経費などに関する意見交換が行われている。国防計画の骨格の一つは、馬関《ばかん》・芸予《げいよ》・鳴門《なると》・紀淡《きたん》の各海峡に砲台を建設し、戦時には海峡を封鎖して本州と四国・九州を結ぶ交通路の安全を確保することであった。四国に混成旅団を新設する案も、こうした瀬戸内防禦を要《かなめ》とする国防策の一環として位置づけられていた。

児玉が中長期的防禦体制の整備を検討していたころ、日本軍は対外戦争に直面する。日清戦争の勃発である。以前の学説では、日本が明治維新《めいじいしん》以来、朝鮮

▼野津鎮雄　一八三五〜八〇年。薩摩藩出身の軍人。一八七一(明治四)年、陸軍大佐。児玉も出動した一八七四(明治七)年の佐賀の乱で指揮官として東京と大阪の兵を率い鎮定にあたる。一八七五(明治八)年六月から一年間熊本鎮台司令長官をつとめており、一〇カ月ほど児玉の上司であった。陸軍大将野津道貫《みちつら》の兄。陸軍中将。

▼山田顕義　一八四四〜九二年。長州藩出身の軍人、政治家。箱館戦争では児玉が従軍した献功隊も指揮する。兵学に長じ戦術的才能を発揮した山田を、児玉は理想的先輩と私淑した。軍人としての才能は西南戦争でも発揮されたが、その後軍職から遠ざかり司法大臣などを長くつとめる。陸軍中将。

半島の排他的支配を狙って計画し、いわゆる東学党《とうがくとう》の乱▲(甲午《こうご》農民《のうみん》戦争)を利用して清に仕かけた戦争が日清戦争であると論じられてきた。

陸海軍内部で朝鮮支配論は存在したが、それが陸軍や海軍の政策目的になったことはない。一貫した日本の朝鮮侵略説は、日本の朝鮮政策の基本を無視した議論である。日本政府の朝鮮政策は、朝鮮を西洋諸国に開国させ、勢力均衡を形成し朝鮮の独立を維持することを目標としていた。その政策は、朝鮮永世中立化論として展開された。第一次山県有朋内閣でも山県首相みずからが、一八九〇(明治二十三)年の意見書で、朝鮮永世中立の共同保障を日本が追求すべき政策として論じている。日本は、清や西洋諸国と協力して朝鮮永世中立の共同保障を行い、安定的な東アジア秩序を構築しようとした。朝鮮の独立が日本の安全確保につながると考えられていたのである。

しかし、朝鮮永世中立化の条件整備は進まなかった。第二次内閣を組織していた伊藤首相は、日清共同朝鮮内政改革構想をいだき、陸奥宗光《むつむねみつ》▲外相がその実現の機会をとらえようとした。一八九四(明治二十七)年六月、東学党の乱を機に日本は朝鮮に出兵した。その目的は、清の朝鮮併合《へいごう》を阻止し、朝鮮国内の争

▼東学党の乱　一八九四年、朝鮮南部に広がった農民反乱で、キリスト教(西学《せいがく》)などに対抗し万民の平等を主張する宗教組織「東学」が深くかかわったことからこう呼ばれる。この年の干支から、甲午農民戦争とも呼ばれる。当時の日本では朝鮮の抑圧的で収奪的な統治に対する不満が根底にあるととらえられていた。

▼陸奥宗光　一八四四～九七年。紀州《きしゅう》藩(和歌山県)出身の明治時代の官僚、政治家。西南戦争では政府転覆計画に連座して国事犯となり、監獄にはいる。出獄・渡欧後、駐米公使や農商務大臣に就く。第二次伊藤内閣の外相として不平等条約改正交渉に取り組み、日清戦争では開戦から講和・三国干《さんごくかん》渉《しょう》までの対処に従事する。鋭い才智から「カミソリ大臣」と呼ばれた。

陸奥宗光

▼**川上操六**　一八四八〜九九年。薩摩藩出身の軍人。西南戦争では歩兵第十三連隊長心得として熊本城に籠城する。参謀本部次長として日清戦争の陸戦指導にあたる。藩閥《はんばつ》にとらわれずに有能な若手将校を参謀本部に集め、参謀本部を作戦計画の中枢機関に育て上げた。陸軍大将。

乱をしずめ、清と協力して朝鮮政府同意のもとに朝鮮内政の改革を実現することにあった。

日清戦争の開戦過程はかなり複雑である。朝鮮の混乱と清の朝鮮出兵を好機として、川上操六《かわかみそうろく》▲参謀本部次長と陸奥外相が伊藤首相を騙《だま》して過大な出兵を行い対清開戦を主導したという説がこれまで長らく通用してきた。しかし、その説はもはや成立の余地はない。また、日本が清に対して挑発を繰り返して強引に戦争を引き起こしたという説も再考しなければならない。

一八九四年七月下旬、日清両軍は朝鮮の成歓《せいかん》・牙山《がざん》で交戦する。日本軍は戦闘に勝利し、その後も戦勝を重ねる。しかし、多くの人びとが日本の軍事的勝利を最初から確信していたわけではない。文民はもとより軍人でさえ、清が日本に攻め込んで来るという恐怖心をいだいていた。当時の日本人にとって、清は軍事的にも巨大な存在であったのである。

戦争は、人・モノ・カネ・情報などの大規模な移動を生じさせる。陸軍の場合、平時はおのおの生業に従事する予備役・後備役兵も召集され、各師団は平時編制から戦時編制に切り換わる。そして、部隊は列車で広島に移動し、広島の宇品《うじな》港から海路、朝鮮や中国へ渡っていった。部隊が日々消費する糧食や燃料などが買いつけられ、さまざまな補給品が武器・弾薬などの軍需品とともに内地から戦地へ送られる。戦地からは死傷した将兵、戦闘・運輸・衛生などにかかわる諸報告、あるいは敵国事情に関する情報が本国へ送られてくる。陸軍省は軍人・軍属・軍夫など、人や馬匹《ばひつ》や物の移動と金銭管理などを通じて、参謀本部が立案する作戦計画の遂行を可能ならしめる役割を担った。

陸軍大臣大山巌は、九月二十五日に第二軍司令官に任ぜられて出征する(陸相は西郷従道《さいごうじゅうどう》▲海軍大臣が十月九日から兼任する)ので、陸軍次官の児玉の職責はいっそう重くなった。また、九月には参謀本部御用取扱兼勤となり、一八九五(明治二十八)年三月には大本営《だいほんえい》▲陸軍参謀を兼任している。児玉が担った戦時陸軍行政の重要性は、戦後の論功行賞にも示されている。旅団長として出征し野戦攻城に功績をあげた陸軍少将と同じく、出征しなかった児玉にも男爵《だんしゃく》▲が授けられ、金鵄《きんし》勲章功三級に叙せられた。戦争における後方勤務の重要性と児玉が果たした役割の大きさを、明治時代の人びとが理解し評価していたことの表れである。ただ、そうした栄誉は戦時の過労や過度な飲酒と一体のものであっ

▼**西郷従道**　一八四三〜一九〇二年。薩摩藩出身の軍人、政治家。西郷隆盛の弟。海相在任は通算一〇年に近く、海軍の拡張と近代化にあたる。軍人仲間の宴会では裸踊りをする一方、多様な閣僚歴によって政府内で重きをなす。大智《だいち》か大愚《たいぐ》かその度量をはかりがたい人物と評された。海軍大将、元帥。

▼**大本営**　戦時大本営条例に基づき設置され、天皇のもとにある最高の統帥機関となり、陸海軍の作戦を立案し、天皇の承認をえて部隊に命令をくだす役割を担った。

▼**爵位**　一八八四(明治十七)年、欧州諸国の制度などを参考にして公《こう》・侯《こう》・伯《はく》・子《し》・男《だん》の五つの爵位《しゃくい》が設けられた。爵位は、公家《くげ》や大名《だいみょう》などは家格と明治維新の功績によって、旧藩士などは明治政府における地位や業績などによって決められた。

た。それがたたり、軽い脳溢血によって、一八九六(明治二十九)年には数カ月の静養を余儀なくされている。

児玉の日清戦争観

戦時中の児玉に関して興味深い逸話が残されている。戦利品として清軍の小銃や刀剣などを点検したときのことである。児玉は、時代遅れのおもちゃに等しい軍器を清兵が携帯するとは予想もしなかったとして、日本軍を貧弱な装備の清軍と交戦させることを残念がったと伝えられている。また、訓練を積んだ強い軍隊ではなく、野蛮な清の弱兵と戦い、その結果不幸にも命を落とす日本兵がいることは痛恨の極であると涙ながらに語っている。

清の実力者李鴻章は、北洋水師《ほくようすいし》という清最大の艦隊と、近代的兵器を装備し西洋の軍人を教師とする清随一の精鋭と称された北洋軍を配下においていた。同時に、朝鮮に派遣された清兵は、ドイツ製の優れた小銃や大砲なども備えていたが、旧式の火縄銃や槍なども保持していた。注目したいのは、日本軍が貧弱な装備の敵兵と対戦することを痛歎する児玉の感覚である。児玉は日本軍の名誉が貶《おとし》められることに、がまんならなかったようである。

人間は、強者が弱者に対して力を行使することを善しとせず、力の等しい者同士での争いに勝つことで満足感をえて栄光を享受する本性があるといわれる。時代遅れの武器を携える清軍に対する勝利は、日本軍の軍略の優秀さ、部隊指揮の的確さ、兵士の勇敢さなどの証明とはならず、戦勝の価値は下落する。戦場での軍事的徳性が明らかになるのは、同水準の装備を有する敵との対戦である。将帥と彼を補佐する参謀は、彼我《ひが》の兵力配置や地形などを客観的に把握し、勝利のために智略をつくし、状況に応じて適切な戦術を採用し実行する。下級指揮官は、上級者の命令の範囲内で臨機応変に対処し、部下の勇を鼓舞して攻防にあたる。戦場ではみずからの智、勇、任務に対する忠実さなど、さまざまな徳性がためされることになる。多人数からなる集団を不断の教練と規律に基づく統制によって機動的に運用し、一致団結して勝利を追求する。連隊長時代の児玉が汗と泥にまみれて田圃や野山を駆けまわりながら部隊を教練したのはこのためであった。戦勝は日頃の訓練と学習の成果でもあった。

以上のことは、手強い敵に対する敬意さえも生み出す。日清戦争で、威海衛《いかいえい》

▼丁汝昌　一八三六～九五年。清末の海軍提督。日清戦争では北洋水師を率い日本艦隊と交戦し敗れて威海衛に退き、日本側の攻撃を受けて降伏し服毒自殺する。

を攻略したとき、毅然《きぜん》として少しも屈することなく勇戦し続けた清の砲兵を、敵ながら天晴《あっぱ》れとたたえている例がある。また、北洋水師司令官丁汝昌《ていじょしょう》▲の降伏と自決に対して、捕獲した清軍艦康済《こうさい》を現地の清官吏《かんり》に交付して、丁司令官の棺や降伏者を載せて移送することを認めた。日本人が交戦者(国)に示した敬意である。日本では城攻めで降伏・開城する場合、城将は切腹し城兵たちの生命を助ける。こうした行いは家名を高め名誉を末代までとどめるものと賞賛された。清海軍再建に必要な若手士官の助命を求め自決という形で敗北の責めをおった丁汝昌。その行為は、敗戦責任に関する日本での伝統的価値観に合致し将来をおもんぱかった視野の広さと愛国心の発露として、日本の官民から深い同情と共感がよせられた。

しかし、清はこうした戦争観を共有しなかった。丁は死後に譴責《けんせき》が加えられた。清政府は、北洋水師を敗北させた責任は丁にあるとし、日本の戦利品とならぬように軍艦・軍器をすべて破壊して斃《たお》れることを望んだのであろうといわれている。また、清の皇帝は日本軍を「賊」と位置づけていた。清兵の日本兵に対する残虐行為にもそうした意識が反映していた。

日清戦争緒戦　成歓《せいかん》の戦(歌川芳豊《よしとよ》画，1894〈明治27〉年)

戦利品をみる人びと(五代目歌川国政《くにまさ》画)

丁汝昌　服毒杯を仰ぐ図(水野《みずの》年方《としかた》画)

日本では、日清戦争は西洋文明を取り入れた日本と、旧い儒教《じゅきょう》文明の代表たる清との「文明」対「野蛮」の戦争というとらえ方がなされた。しかし、野蛮な清兵という児玉の表現は、こうした儒教批判の文脈とは異なるもののようである。児玉は、普遍的な軍事的徳の存在を意識していたように思われる。そうした共通の徳や価値観からはずれた清軍の状況や行為が、児玉の眼には「野蛮」と映ったと考えられる。

後藤新平との出会い

日清戦争をきっかけに、児玉はその後に重要な関係をもつ人物と邂逅《かいこう》している。後藤新平《ごとうしんぺい》▲である。両者が出会ったのは日清講和後の帰還兵検疫事業を通じてであった。

検疫事業は過去の失敗を教訓として活かすことを意味した。西南《せいなん》戦争が終って凱旋する将兵がコレラを発症した。将兵は検疫規則を遵守せず、軍医らの制止も聞かず先を争って上陸した。この結果、軍関係での罹患者《りかんしゃ》は関西で一〇〇〇人を超え、そのうち五〇〇人もの死者をだしてしまった。検疫制度の不備と

▼**後藤新平**　一八五七～一九二九年。水沢《みずさわ》藩(岩手県)出身の医師、官僚、政治家。一八九八(明治三十一)年、台湾総督府民政局長(のち民政長官)として児玉を補佐して台湾統治に携わる。明治末から大正期にかけて、政界の実力者として首相候補にも擬せられる。「大風呂敷」と評された大胆な構想力で知られた。

検疫官の権限不足が失敗をもたらしたのである。今度は児玉の指導力が問われる局面であった。

　後藤と面会した児玉は、後藤が事業をまかせられる人物であると判断した。児玉は、後藤が望んだ以上の予算を確保し、臨時陸軍検疫官制によってみずから検疫部長となり、同規則で検疫事業の実質的責任者としての後藤事務官長に十分な権限を付与した。後藤は学術的根拠に基づく創造力を発揮し、業務を分担する各分野の専門家を招集してその仕事を督励《とくれい》した。児玉は、制度上あたえられた後藤の権限が空洞化しないように、検疫部事務官として勤務する陸軍将校に対して後藤への批判を許さず後藤の命令に従うよう厳しく統制し、後藤の権限の実質化を保障した。

　検疫事業を計画し施設を構築する段階までは、検疫部の予算確保と組織内統制が重要であった。つぎの検疫実施段階では、別の条件を満たす必要があった。検疫事業を成功に導く鍵は、戦勝に意気あがる帰還野戦部隊をはじめとする陸軍全体の協力を取りつけることにあった。軍隊という階級組織の動かし方を熟知する児玉は、征清大総督・陸軍大将小松宮彰仁親王《こまつのみやあきひとしんのう》▲を説いて検疫を受けて

▼**小松宮彰仁親王**　一八四六〜一九〇三年。皇族、軍人。伏見宮《ふしみのみや》邦家《くにいえ》親王の第八子。僧籍から還俗《げんぞく》し、一八八二(明治十五)年から小松宮と称す。日清戦争では前任参謀総長の有栖《ありす》川宮熾仁《がわのみやたるひと》親王の病没を受けて参謀総長に就任し、征清大総督として出征する。陸軍大将、元帥。

もらうという手段をとった。出征軍の最高指令官が受けた検疫であればいかなる野戦軍将兵とも拒むことはできない。

こうして、児玉と後藤は、依拠すべき先例も参照すべき外国の経験もないままに、船舶六八七隻、人員二三万人超、物件九〇万個という膨大な量に達する検疫業務を秩序立った手順に従って実行し、欧米の専門家を驚嘆させた。児玉は検疫事業の成否にかかる大綱を的確に押さえ、部下の後藤が専門的知識を活かしもてる能力のすべてを発揮できる環境を整えることで、事業を成功に導いたのである。

児玉の陸軍次官在任は日清戦争を挟んで五年半におよんだ。日清戦後軍備拡張計画▲を含む一八九六(明治二十九)年度予算の成立を受けて、同年十月、陸軍は大規模な人事異動を行った。八人中五人の師団長が交代した。師団長より上級職の軍司令官に相当する役職が三個新設された。この時、児玉を含む五人の陸軍少将が中将に昇進している。児玉は一六人いた現役陸軍中将のなかで最年少であった。

日清戦争の結果、台湾は日本領となった。しかし、領有当初、台湾住民の激

▼**日清戦後軍備拡張計画**　陸軍は日清開戦前は近衛《このえ》師団と六個師団体制であった。日清戦後は、師団を増設して合計一三個師団とした。海軍の軍艦保有量は日清開戦時は約六万トンであったが、日露開戦前には約二六万トンとなり、英・仏・露・独・米・伊とともに世界七大海軍国の一つとなった。

しい抵抗が生じた。一八九六(明治三十一)年十月、乃木希典陸軍中将が第三代台湾総督に就任したが、台湾統治の治績は上がらなかった。乃木総督罷免論がでるなか、児玉が後任に擬せられた。明治天皇から諮問を受けた山県有朋は、児玉が日清戦後陸軍拡張計画を実施に移すかぎを握る人物であり、議会対策上不可欠だとして児玉次官の異動に反対した。児玉は長州陸軍閥だけでなく日本陸軍全体にとって重要な位置を占め始めていた。新設師団は一八九六年十月に編成される。児玉はその道筋をつけて陸軍次官から第三師団長に転出した。

②—政治家として

台湾総督の権限と統治の課題

一八九八(明治三十一)年二月、児玉は名古屋の第三師団長から第四代台湾総《そう》督《とく》に転じた。日本の台湾統治方式には二つのモデルがあった。一つは、総督に広汎な権限を委任し植民地《しょくみんち》固有の習慣を尊重して可能なかぎり自治を認める方式である。他の一つは、本国にできるだけ近似させ同化して帝国内の一部とする方式である。採用されたのは、強大な権限を付与された総督をおき、旧慣調査を行い内地の法が適合しないところは勅令《ちょくれい》や行政命令で対処する統治方式であった。

台湾総督府官制(勅令三六二号、一八九七〈明治三十〉年十月二十一日公布)は、台湾総督は親任官《しんにんかん》として陸海軍大将もしくは中将をもってあてると規定していた(第二条)。そして、台湾総督には以下のような大きな権限が付与されていた。第一に、軍事に関する権限であり、委任の範囲内で陸海軍を統率し、安寧《あんねい》秩序を保持するために兵力を使用することができた(第三条・第七条)。

第二に、総督は実質的な立法権も有していた。六三法と呼ばれる一八九六年法律第六三号(「台湾に施行すべき法令に関する法律」)によって、総督は管轄区域内に法律の効力を有する命令を発することができた(第一条)。この総督命令は法律そのものではなく、「律令《りつれい》」と称された。地租《ちそ》や製茶に関する租税法規や阿《あ》片《へん》・樟脳《しょうのう》の専売法規なども律令であった。未遂でも本刑を科す「匪徒《ひと》刑罰令」(一八九八年十一月五日公布)もあった。これは刑法に比べて苛酷であるが、同時に帰順を表明した土匪《どひ》の大頭目《だいとうもく》を資金をもって懐柔し、治安の安定に資するよう運用できた。

内地であれば各省大臣や軍令機関の長などに分属される一般行政、立法、司法、陸海軍指揮といった権限が、台湾総督一身に集中する形をとっていたわけである。

さて、児玉が台湾総督に就任したころ、日本の台湾統治に武力をもって抵抗したり良民を襲って生命財産を奪う「土匪」と呼ばれる勢力が猖獗《しょうけつ》をきわめていた。乃木希典《のぎまれすけ》総督時代は、総督官邸周辺にも土匪が放った弾丸が飛んでくることもあった。土匪は、有力者に率いられ台湾全土に散在し、日常はおののの

高島鞆之助

▼高島鞆之助　一八四四〜一九一六年。薩摩藩《さつまはん》出身の軍人、政治家。鎮台《ちんだい》司令長官や師団長などを歴任するが、そのころから、覇気《はき》満々たる一種の政治家とみられ政客との面談に忙しく、軍務は部下にまかせていたといわれる。一八九一(明治二十四)年に陸相、九五(同二十八)年から台湾副総督。陸軍中将。

業務に従事し服装は一般人と異ならず、外見だけでは区別できなかった。台湾総督府内に巣くっていた弊害を取り除くことも求められた。台湾には、初代総督樺山資紀《かばやますけのり》や副総督高島鞆之助《たかしまとものすけ》▲と縁故ある官吏や商人などが奇利《きり》を求めて台湾に蝟集《いしゅう》していた。総督府官吏と土木・通信関係業者との贈収賄が広がり、官吏による強盗・恐喝・詐欺・暴行なども起きていた。台湾に駐屯する陸軍もこうした腐敗と無縁ではなかった。

日本の台湾統治は台湾の武力蜂起を鎮圧することから始まったため、陸海軍が軍事優先の態度を持し、文官《ぶんかん》と摩擦を生じさせていた。行政機構は肥大化し複雑となり繁文縟礼《はんぶんじょくれい》が幅をきかせ、統一性を欠いた行政は民心を惑わせていた。行政と司法とのあいだにも軋轢《あつれき》が生じていた。

台湾経営の収支は、大幅な赤字であった。外国は日本には植民地経営能力がないという眼を向け、日本国内では台湾売却論まで登場した。赤字は一般会計などから補塡《ほてん》されたが、一八九八年度以降は台湾守備兵・憲兵《けんぺい》費の経費節減や税収増によって収支の均衡をはかることが求められるようになった。

児玉新総督の課題は、軍事指揮権と律令をもって台湾に秩序をあたえ、総督

台湾平定の図(石川寅治《とらじ》画「台湾鎮定」) 北白川宮《きたしらかわのみや》能久親王《よしひさしんのう》(左から3人目)を師団長とする近衛《このえ》師団が台湾鎮定にあたった。

中国でだされた宣伝画(1894〈明治27〉年) 生擒《いけどり》にした樺山資紀に熱した油をかけて火をつけている。

「山師の笑談」(小林清親《きよちか》画,『社会幼燈百撰百笑』より,1896〈明治29〉年) 樟脳・砂糖製造,道路改修,鉄道建設などの事業で利益を狙っている。

府を効果的で効率的な統治機構に再編し、殖産《しょくさん》興業の基礎を構築することであった。そして、台湾を立脚地として華南《かなん》に日本の勢力を扶植し、東シナ海・南シナ海沿岸への進出を基礎づけることであった。

児玉の統治手法

総督府機構の効率化のために児玉は、大規模な行政改革を行った。台湾の六県三庁の行政組織を三県四庁に整理・縮小し、人員も高位の官僚を含め一〇〇〇人以上の冗員《じょういん》を淘汰《とうた》した。改革は台湾の陸軍にもおよんだ。陸軍は土匪鎮圧対策のために兵を全島に散布したため、兵力量の割には多数の将校を必要としていた。児玉は、置兵の目的を土匪鎮圧から外寇《がいこう》防禦に転換するため、不相応な数の幹部や部隊を縮小して経費を捻出し、機関砲を導入し砲兵隊《ほうへいたい》を増設して守備隊全体の戦力増強をはかろうとした。

土匪対策では、必要に応じて実力行使を行うとともに、さまざまな懐柔策を駆使する手法が採用された。児玉は、一九〇一（明治三十四）年までに八〇〇〇人余の土匪を捕え、そのうち三五〇〇人近くの命を奪うという峻厳な一面をみせている。台湾守備隊による土匪討伐作戦の意図は、日本政府と台湾総督府の威信を発揚することにあった。良民に対して、生命・財産の保護は総督府の力に依頼するしかないことをわからせ、土匪には総督府の武力にかなわないことを思い知らせて抵抗をやめさせようとした。こうした力による対策をもって治安回復をはかったのである。

実力行使とあわせて用いられたのが、台湾総督の威厳を誇示する工夫であった。児玉は、清大官が乗るような大きくて立派な轎《かご》を北京《ペキン》から取りよせ、同じ服装をした八人の轎夫《きょうふ》にかつがせ、前後に騎兵一小隊を付して、仰々《ぎょうぎょう》しい行列をなして島内を巡視した。中国の政治文化に馴染《なじ》んでいた人びとに対して、台湾総督の権威の高さをみせつける演出であった。総督官邸を台湾の阿房宮《あぼうきゅう》と日本人から揶揄《やゆ》されるほど壮大なものにしたのも、同様の趣旨からである。こうしたことは児玉個人の嗜好《しこう》とは違うが、統治者としての自己演出をはかっていたのである。

おかすべからざる総督の威力と威光を顕示するだけではなかった。折にふれて人びととの会合をもち、豊かな人間味や広い度量を有する有徳の統治者としても児玉は振舞った。饗老会《きょうろうかい》と称して地区ごとに八〇歳以上の高齢者を付添人ともども招待し、演劇や音楽で歓待し昼食を供した。高齢者を前にして児玉は、長寿はその人の忠や孝などさまざまな徳の表れであると述べ、善き生き方によって長寿をえている人びとに対する敬意を表し祝福した。また、鰥寡孤独《かんかこどく》(老いて妻のない男やもめ、老いて夫のいない後家《ごけ》、幼くして親のないみなしご、老いて子のない独り者)など頼れる者がいない弱者や病める者をあわれみ、義捐金《ぎえんきん》をつのり基金を拵《こしら》え台湾有力者に働きかけて、清代《しんだい》から存在した各種の慈恵《じけい》機関を再興したり、病院を各地に建設した。

中国は文の国でもあり、児玉は文芸尊重の姿勢を打ち出した。揚文会《ようぶんかい》と称して台湾在住の科挙《かきょ》▲合格者や地方の有力者などを集め、課題をだして文を提出させたり、饗応《きょうおう》して学者を優遇した。科挙に合格した読書人は、居住地域の住民に尊敬され指導的立場に立つ人でもあった。中国の伝統的文明を尊重する姿勢を示すことによって、こうした人びとを統治の味方につけようと狙ったのである。

以上のように、児玉は威徳兼ね備える統治者として自己を演出しながら、動

▼**科挙**　中国で行われていた官吏登用試験。『論語《ろんご》』などの教典や詩文などを試験する。最終試験(殿試《でんし》)に合格した者は進士《しんし》と称され、高級官僚の道が開けた。

台湾総督官邸

児玉源太郎台湾総督(右)と後藤新平民政長官

台湾製糖会社（『台湾製糖株式会社史』より）

揺していた台湾の人心を摑《つか》む巧みな統治を追求したのである。

台湾縦貫鉄道・基隆《キールン》築港・土地調査・監獄改築・官舎建築など、産業基盤の整備は、一八九九（明治三十二）年三月に成立した台湾事業公債法によって進められてゆく。台湾総督府は六〇〇〇万円を要求したが、第二次山県有朋《やまがたありとも》内閣はこれを四〇〇〇万円に圧縮して議会に提出し、議会はさらに減額を加えた。結局、三五〇〇万円を上限とする公債募集によってえられる収入をもって、これらの事業が展開されることになった。

児玉は軍事と台湾産業振興策を同じ思考でとらえていたように思われる。後藤民政長官は、若き農政学者新渡戸稲造《にとべいなぞう》▲に対し専門家的見地から思い切った理想的製糖業振興策意見書を書くように求めた。新渡戸の糖業改良意見を受けて、児玉は、糖業振興策の要点を以下のように指摘した。すなわち、海外の良品質のサトウキビを選定し、これを台湾に移植し、その栽培法を人びとに教え、新式機械を導入して在来の製造法を改め、もって砂糖の品質を高め生産費用を低下させ、数年を期して生産高を倍増させることである、と。また、技術的・学問的観点からみて可能と判断された事柄を実現するには、それを実行に移す強い意志が必要であることにも注意を喚起した。

児玉は段階論的発想に基づいて糖業振興策を思い描いた。それは陸軍改革の経験に類似していた。明治十年代後半、日本陸軍は、世界最先端の軍事システムを誇るドイツ陸軍をあらたな模範とし、メッケルという優秀な外国人教師を採用した。メッケルの知識と技術を利用して日本の事情に適した組織改革を行い、実践的参謀教育や新戦術を導入し、各部隊で日常的訓練と改良をほどこし、組織単位当りの戦闘力の質的増大をはかった。日本陸軍は、世界水準の戦術を学びそれを自己のものとするという強い決意をもって陸軍の近代化をはかった。こうした一連の事業を児玉は、臨時陸軍制度審査委員長・参謀本部陸軍部第一局長・陸軍大学校校長・監軍部参謀長として担ってきた。児玉が軍人でありながら台湾糖業を軌道に乗せることができた理由の一つは、こうした発想と経験に由来すると考えられる。

厦門事件

日本の対外政策にとって台湾統治が意味するものは、台湾だけにとどまらな

▼**新渡戸稲造**　一八六二〜一九三三年。南部《なんぶ》藩(岩手県)出身の明治から昭和にかけての教育者。札《さっ》幌《ぽろ》農学校卒業後、アメリカの大学で学ぶ。一九〇一(明治三十四)年に台湾総督府の技師となり、糖業の発展に寄与する。その後、東京帝国大学教授や国際連盟事務局次長などをつとめる。

新渡戸稲造

かった。一八九九(明治三十二)年六月の覚書で児玉は、南清《なんしん》や南洋への通商上の影響力を拡大することを大方針として掲げ、台湾の統治と経済開発には人的・経済的結びつきが濃厚な対岸の福建省《ふっけん》厦門《アモイ》を一体として構想することが必要であると記している。イギリスの船会社の独占に対抗するため大阪商船に補助金をだして台湾と厦門や南清を結ぶ航路を開設し、台湾の経済開発や南清・南洋への経済進出に資する目的で設立された台湾銀行が厦門に支店を開設したことなどは、この一体的開発論と連動していた。

一九〇〇年、義和団《ぎわだん》の乱《らん》▲が広がり、清政府は日本やイギリス・ドイツなど八カ国に対し宣戦布告を行った(北清事変《ほくしんじへん》)。列国は公館・居留民《きょりゅうみん》保護のために派兵を行い、日本も二万人を超える兵力を派遣する。

事変の動揺は華中へも広がった。政府は、北清事変の緊張が福建省へも波及すれば、居留民保護を名目に出兵し厦門を支配下におこうとした。第二次山県内閣の桂太郎《かつらたろう》▲陸相から児玉総督に対し、海軍の要請があれば陸兵を派遣し海軍と協力して厦門砲台と港の占領を行うよう命令が届いた(八月二十三日)。児玉は厦門の東本願寺《ひがしほんがんじ》布教所放火(八月二十四日)を、清側の排外運動に仕立てて事

▼**義和団の乱**　武術団体や秘密結社を核にして扶清滅洋《ふしんめつよう》を掲げ、華北《かほく》地方を中心に教会・鉄道・電線などを破壊した大規模な反キリスト教排外運動。清政府は義和団を義民《ぎみん》と認めて列国に対して宣戦布告した。日本では北清事変とも呼ばれる。

▼**桂太郎**　一八四七〜一九一三年。長州藩出身の軍人、政治家。一八八六(明治十九)年に陸軍次官、九八(同三十一)年に陸相。三次にわたり組閣し、首相在任日数は今日までの歴代首相のなかで第一位を占める。人心収攬《じんしんしゅうらん》に長《た》け、にっこり笑って相手の肩をポンとたたく「ニコポン」と呼ばれた。陸軍大将。

北清事変に出兵した連合軍の兵　左からイギリス・アメリカ・ロシア・イギリス領インド・ドイツ・フランス・オーストリア・イタリア・日本の兵。

北清事変(楊斎延一《ようさいのぶかず》画「北倉《ほくそう》大激戦我軍占領之図」，1900〈明治33〉年)　北倉は天津《てんしん》北方の地名。

列強クラブにはいる日本(ビゴー画，1897〈明治30〉年)

星亨

態を拡大させ出兵名目をえようとした。厦門の日本領事らから居留民保護の名目で出兵要請を受けた児玉は、歩兵を出発させ（八月二十八日）、後続兵の出発も準備させた。

ところが陸兵を台湾に帰還させるよう命じる政府の至急電が届いた（八月二十八日午後）。東本願寺焼打ちは義和団とは無関係で、日本の出兵には理由がなく、住民を混乱させ治安に対して深刻な悪影響をあたえる、とイギリス・アメリカ・ドイツの領事から日本の出兵に反対する抗議が伝えられた。政府は列国の意向を重視して派兵中止を決定したのであった。

厦門占領の一大好機を逸したと落胆し大きな不満をいだいた児玉は、総督辞職を求めた。しかし、台湾経営に児玉は不可欠な存在だった。病気療養につとめ総督の任にとどまるよう求める明治天皇の御沙汰《ごさた》によって、児玉は留任した。

陸軍大臣に就任する

一九〇〇（明治三十三）年十二月、第四次伊藤博文《いとうひろぶみ》内閣の桂陸相辞職を受けて、児玉は台湾総督のまま後任陸相として初入閣した。元老《げんろう》にして立憲政友会《りっけんせいゆうかい》総裁

▼**星亨**　一八五〇～一九〇一年。江戸《えど》生まれ。明治時代の弁護士、政治家。自由党・憲政党の勢力拡大と政権参加のために、利権をもとに政治資金を調達し「公盗の巨《きょ》魁《かい》」と攻撃されたが、私腹は肥やさなかった。東京市会議長のとき暗殺される。自信家で強引な政治手法から名前をもじって「押しとおる」とあだ名される。

▼**松方正義**　一八三五～一九二四年。薩摩藩出身の明治・大正時代の政治家。一八七一（明治四）年

の伊藤が組織した内閣は、政友会内部の官僚系と旧憲政党《けんせいとう》系の不和、逓信《ていしん》相として入閣した政友会幹部星亨《ほしとおる》▲に対する収賄罪容疑、貴族院《きぞくいん》会派の内閣不信任などによって成立直後から困難な状況に立たされた。伊藤首相は増税法案と予算案について貴族院の反対にあいながらも、なんとか一九〇一(明治三十四)年度予算を成立させたが、公債支弁事業の繰延べをめぐる閣内不統一によって、同年五月二日に辞表を提出した。

　伊藤の辞表提出を受けて元老会議がたびたび開かれた。元老と呼ばれる伊藤・山県有朋・松方正義《まつかたまさよし》▲・西郷従道《さいごうじゅうどう》・井上馨《いのうえかおる》▲らのベテラン政治家が担う重要な役割の一つは、後継首班候補を明治天皇に推薦することであった。しかし今回は、元老間の合意が形成され、井上に組閣の大命《たいめい》がくだるまで二週間近くかかった。この間、児玉は井上を訪問し、井上が後継内閣を引き受ける決心をするか、それとも桂太郎に政権を担当させるべきであると説いた。長州藩閥《ちょうしゅうはんばつ》の一員として児玉は後継首班候補に関して発言するまでになった。重要閣僚候補に入閣を辞退されて、井上は組閣を断念した。改めて、桂に大命がくだり、第一次桂内閣が成立した(一九〇一年六月二日)。児玉は陸相に留任した。

の大蔵省勤務以来、長年同省の事務に携わり、財政・税制・金融関係の制度整備に貢献する。大蔵卿・大蔵大臣歴は優に一〇年を超え、二度組閣する。

▼井上馨　一八三五〜一九一五年。長州藩出身の明治・大正期の政治家。明治維新《めいじいしん》後、開明派官僚として頭角をあらわし、第一次伊藤内閣では初代外務大臣となり、不平等条約改正交渉に取り組み、いわゆる鹿鳴館《ろくめいかん》外交を演出する。会社設立や財閥《ざいばつ》との関係を通じて経済界に影響力を有した。伊藤博文との長期にわたる友情を保つ。

松方正義

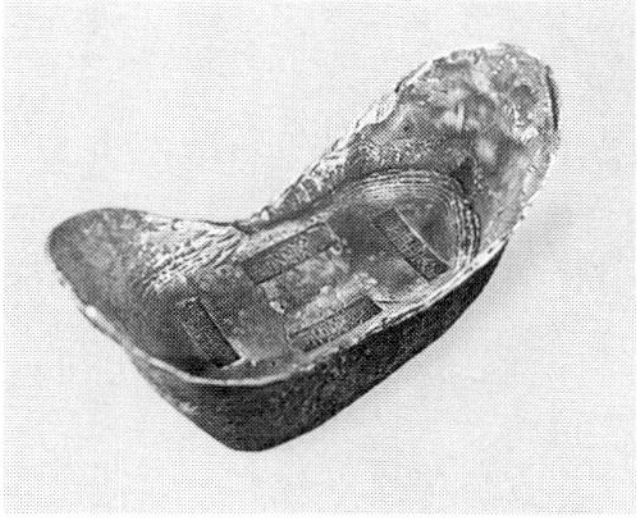
馬蹄銀

井上の組閣断念を受け、元老が桂を次期首相として明治天皇に推薦する過程で、児玉は山県の連絡係として元老間の合意形成に関与している。後継内閣成立過程の一端に児玉が連なったことは、児玉の政治的地位の上昇をものがたっている。また、桂内閣で児玉は、機密性の高い外交問題に関しても元老と政府との意見調整役を担っている。児玉は、山県・桂につぐ長州系陸軍軍人、長州閥の有力な構成員として、軍事のみならず政治権力の形成や外交政策などの領域についても関与の幅を広げつつあった。

児玉陸相の仕事の進め方は、前任の桂とは違って、次官や局長任せではなくみずから細事にいたるまで処理した。児玉が取り組んだものの一つが軍紀《ぐんき》粛正であった。当時は、軍人が飲食代を滞納したり、河川で魚をとるのに水雷を使用するなど不祥事が頻発していたのである。陸軍の頽廃《たいはい》は、奢侈《しゃし》に流れる傾向にあった日清戦後社会の風潮が軍内に流入して規律の弛緩《しかん》をもたらしたこと、情実によって中等以上の家の子弟が常備兵役に就かなくなり兵の素質が低下しつつあったことも関係していた。

軍紀の問題は、北清事変での陸軍上層部の馬蹄銀《ばていぎん》分捕り問題も影響していた

▼**寺内正毅**　一八五二～一九一九年。長州藩出身の明治・大正時代の軍人、政治家。陸軍大臣を一〇年近くつとめ、初代朝鮮総督をへて、一九一六（大正五）年、総理大臣に就任。容貌と政治手法から「ビリケン（非立憲）」とあだ名される。

寺内正毅

かもしれない。醜聞《しゅうぶん》は新聞に連載され、児玉も処理に苦慮した。事変には日本から第五師団が派遣された。その師団長（陸軍中将）や歩兵旅団長（陸軍少将）などが家宅捜索を受け、軍隊の名誉を傷つけた。上級幹部は、下士官・兵には分捕りを厳禁しながら、みずからはなにがしかの「土産物」を持ち帰った。上層部の不正と下士官・兵の不満と軍紀弛緩は、無関係でなかったろう。

　児玉は陸相として陸軍の行政整理を行い、それによってえられた経費をもって新規事業を行おうとした。このときの新規事業の一つは、日露《にちろ》戦争時の野戦《やせん》重砲隊編成に役立ち、先見の明があったと評されている。ところが、児玉は陸相を辞めてしまう。台湾守備隊の縮小をめぐって参謀総長大山巌《おおやまいわお》と意見があわず、問題解決に天皇が乗りだす事態となり、その責任をとって辞表を提出したのであった。後任陸相には寺内正毅《てらうちまさたけ》▲が就いた。

政府と政友会の妥協を周旋する

　桂内閣は、一九〇一年度で五五〇〇万円の歳入不足に直面した。一九〇〇年度の一般会計が約二億四〇〇〇万円ほどのときである。政府は、第十六議会で行財政整理を約束して政友会と妥協をはかり、一九〇二〈明治三十五〉年度予算を成立させ、政務調査会を設置し行財政整理の審査を進めていった。そこでは、陸海軍も聖域とせずに組織の大幅な改廃が検討された。しかし、各省の強い反対にあい、整理案の内容は後退せざるをえなかった。議会に提示された行財政改革案は、政友会や憲政本党から批判をあびることになった。

歳入不足にもかかわらず、財政支出圧力は弱まることはなかった。衆議院で多数を占める政友会は、積極主義を標榜して鉄道敷設や築港などの地方利益を散布して支持基盤を強化しようとしていた。一方、政府は対外的事情から海軍拡張をはかろうとした。ロシア海軍が東洋に集中できる海軍力に対抗するためであった。軍艦八隻〈八万五〇〇〇トン〉の建造計画〈経費約一億円、一九〇三〈明治三十六〉年度から一一カ年継続費〉が第十七議会に提出された。海軍拡張財源には、もともと五年間〈一八九九〈明治三十二〉年度から一九〇三年十二月まで〉だけ認められていた、地租増徴の継続があてにされていた。政友会は、政府が前に約束した行財政改革を十分に行うことなく地租増税を継続することに反発し、海軍拡張財源は行財政整理によって捻出すべきであると主張した。政府と議会第一党は正面衝突し、衆議院解散となった。

議会解散前、児玉台湾総督は、伊藤政友会総裁に対し、政府と政友会幹部との会見を斡旋するよう求め、妥協を成立させようと働きかけた。会見は実現したものの折合いはつかなかった。議会解散後も児玉は桂に対し、政府と政友会（伊藤総裁）とのあいだで歩みよる余地を残すよう説いている。児玉の忠告はやがて功を奏することになる。海軍拡張の財源問題は、政府が地租増徴継続を撤回し、行財政整理や事業繰延べと公債募集によってえられる経費をあてるという譲歩を行った。政友会との合意を受けて桂首相は議会で行財政改革を約束した。これに加え来年度予算の歳入不足が見込まれたこともあって、政府は本腰をいれて行財政改革を行わざるをえなくなった。

国内でこうした動きがある一方、対外的には緊張が高まりつつあった。満《まん》洲《しゅう》からの第二期撤兵期日（一九〇三年四月）が来てもロシアは撤兵を行わず、清に新しい要求を突きつけ、満洲支配の強化をはかり、韓国への拠点を設けはじめた。一九〇三年四月二十一日、元老の伊藤博文と山県有朋、桂太郎首相と小《こ》村寿太郎《むらじゅたろう》▲外相が山県の京都の別荘無鄰庵《むりんあん》▲に会合し、ロシアに対する方針を協議

▼**小村寿太郎**　一八五五～一九一一年。飫肥《おび》藩（宮崎県）出身の外交官。米ハーバード大学で法律学を学び裁判官をへて一八八四（明治十七）年に外務省に移る。瘦軀《そうく》短身をもって「ねずみ公使」とあだ名される。第一次桂内閣で外相に就き、ポーツマス講和会議の全権代表となった。

▼**無鄰庵**　名園として知られる山県有朋の別荘。京都南禅寺《なんぜんじ》の近くにある。会議が開かれた洋館も見学できる。

小村寿太郎

し交渉を開始することを確認した。この対露交渉開始は開戦を決意したものではなく、いわゆる満韓交換論《まんかんこうかんろん》をもって交渉しようとするものであった。

内務大臣となる

桂内閣は内に行財政改革、外に対露交渉という重大な課題を同時に背負い込むことになった。桂首相は病気を理由に、一九〇三(明治三十六)年七月に辞表を提出した。台湾総督の児玉は、曾禰荒助《そねあらすけ》▲蔵相とともに桂を葉山《はやま》の別荘に訪ね、桂の留任を求めた。児玉は自分も閣僚となって桂を極力支援すると述べ、内閣改造と行財政改革を実行するよう励ました。こうして児玉は桂内閣の改造で内《ない》務《む》大臣に就任し(兼台湾総督)、さらに文部大臣を兼任する。

桂は、児玉や清浦奎吾《きようらけいご》▲(法相兼農商務相)、曾禰(蔵相兼逓信相)といった有力閣僚の兼任をもって、内閣の機能強化をはかり行政改革を行おうとした。この改造内閣は児玉内相が重要な位置を占めており、桂は児玉を基礎として組織した内閣と述べている。児玉が管掌する内務と文部関係では、府県の数を約半減させる大幅な統廃合と地方分権、文部省の廃止と内務省への統合が計画された。

▼**曾禰荒助**　一八四九～一九一〇年。長州藩出身の明治時代の官僚、政治家。一八七二(明治五)年、軍事学習のためフランスに留学し帰国後陸軍省に出仕するも、のちに軍務から転身する。駐仏公使や農商務相などをへて第一次桂内閣の蔵相として日露戦争中の戦費調達につとめた。

▼**清浦奎吾**　一八五〇～一九四二年。熊本藩生まれの明治・大正時代の官僚、政治家。山県有朋の信任を受け、内務省警保《けいほ》局長を長らくつとめ、治安・警察・監獄制度などの改革を行う。山県系官僚の四天王の一人として大きな勢力を有し、一九二四(大正十三)年に首相となる。

文部省廃止案の風刺画(『団団珍聞』1903〈明治36〉年 8 月15日号より)　児玉文相(兼任)の行財政改革案にかかる文部省廃止案に，文蛟《もんか》が騒ぎだしている。

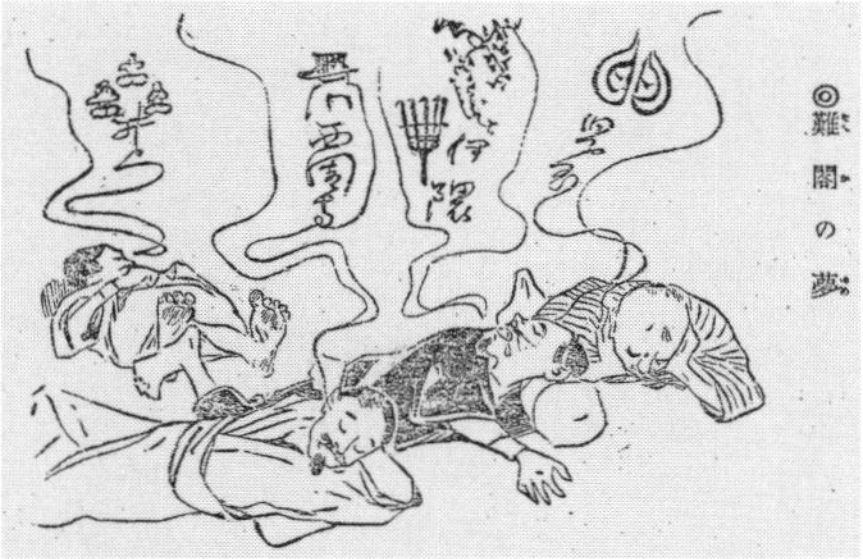

桂内閣の後釜を狙う有力者の風刺画(『団団珍聞』1902〈明治35〉年12月13日号より)　左から井上馨，西園寺公望《さいおんじきんもち》，伊藤博文・大隈重信《おおくましげのぶ》連立，最後に児玉源太郎が描かれている。

内務大臣時代　中央が児玉。

また、廃止対象として陸軍幼年学校も整理案に含まれていた。陸軍幼年学校は児玉が監軍部参謀長のころから改革を計画し実現させた組織であったが、今度は児玉が閣僚としてこれを廃止しようとする立場に立ったのである。

さて、日露交渉において桂内閣は日本に優位な満韓交換論を主張した。日本の韓国での優越権と、ロシアの満洲での条約上の権利(鉄道権益など)を相互承認しようという主張である。条約上の権利よりも優越権のほうがより広範な意味があるので、日本優位の主張とされるわけである。一九〇三年八月の日本側提案へのロシア対案(十月上旬提示)は、満韓交換論そのものを否定していた。ロシアは韓国での日本の優越的利益を一定程度承認するが、満洲問題は日露交渉の対象外であると主張した。また、北緯三九度線以北の韓国領土を中立地帯化すること、韓国領土を軍事目的で使用しないこと、ロシア軍艦の朝鮮海峡自由航行を妨げないことといった制約を課そうとした。ロシアの満洲支配を日本によっておびやかされないように、韓国を防壁にしようとしたのである。

日本優位の満韓交換論はロシアが拒否した。そこで、日本側は日本の韓国における特殊利益とロシアの満洲におけるそれを相互に承認する日露対等な満韓交換論を修正案として提示した。しかし、日露対等な満韓交換論での合意も成立しなかった。ロシア内部では日露対等な満韓交換論を承認する意見もあったが、ロシア政府は日本との交渉では回答を引き延ばし譲歩を小出しにした。その間に極東での軍備を充実させ、ロシアに有利な交渉環境をえようとしたのである。こうしたロシアの交渉態度は、日本側のロシアに対する不信感を強め、交渉継続を断念させる結果となった。朝鮮半島を安全保障上の死活的利益と位置づけてきた日本の切迫感と軍事力を、ロシアは軽視しすぎていたのである。

③—政治と軍事の統合を担う

内務大臣から参謀本部次長へ

一九〇三(明治三十六)年十月一日、田村怡與造《たむらいよぞう》▲参謀本部次長が死去した。児玉が内務《ないむ》大臣をやめて参謀本部次長に就くことを決めたのは十月五日のことであった。桂太郎《かつらたろう》首相は児玉に間接的に次長就任を打診した。陸軍の大御所山県《やまがた》有朋《ありとも》も一時的にせよ児玉に次長就任を求めるつもりであった。児玉は、次長就任を快く引き受けると桂に答えた。国家的危機に際して自己の地位に拘泥《こうでい》しない児玉の決断であった。この人事は十月十二日付で以下の手順で進められている。まず、内務大臣兼台湾総督《そうとく》の児玉は本官の内務大臣を免ぜられ台湾総督専任となった。そして、陸軍中将の児玉が参謀本部次長に補せられた。一身で台湾総督と参謀本部次長をかねる形となっており、児玉が官職上、親任官《しんにんかん》という点では変わらない。もっとも、親任官の宮中席次で例示すれば、国務大臣↓陸海軍大将↓台湾総督の順になるので、席次は下がっている。

児玉が親任官の内務大臣から数等下がって高等官の参謀本部次長に就任した、

▼**田村怡與造**　一八五四〜一九〇三年。甲州《こうしゅう》(山梨県)出身の軍人。一八七八(明治十一)年、陸軍士官学校卒。戦術家として陸軍内に知られ「今信玄《いましんげん》」と呼ばれる。一九〇二(明治三十五)年から陸軍少将で参謀本部次長をつとめていた。死去時に陸軍中将に進められる。

▼**財部彪**　一八六七〜一九四九年。都城《みやこのじょう》藩(宮崎県)出身の明治・大正・昭和前期の軍人。日露戦争期は海軍軍令部や大本営の幕僚《ばくりょう》をつとめる。山本権兵衛の娘を妻とし、皇族並みのスピード出世で「財部親王」と陰口をいわれた。大正・昭和時代の六つの内閣で海相に就く。海軍大将。

▼山本権兵衛　一八五二〜一九三三年。薩摩藩出身の明治・大正時代の軍人、政治家。海軍大佐のときに海軍改革を進め豪腕ぶりから「権兵衛大臣」と呼ばれる。一八九八(明治三十一)年から一九〇六(同三十九)年まで海相をつとめ、「薩の海軍」は「権兵衛の海軍」と評された。大正時代に二度組閣する。海軍大将。

山本権兵衛

という表現は正確ではない。しかし、この人事を他の人びとがどのように受けとめたかは別の問題である。児玉の参謀本部次長就任を知った乃木《のぎ》希典《まれすけ》は、友人の児玉に「意気震天地《いきてんちをふるわし》　精誠感鬼神《せいせいきじんをかんぜしむ》　名利如糞土《めいりふんどのごとし》　報国尽忠人《ほうこくじんちゅうのひと》」と書き送ってその決断をたたえた。

児玉は軍服を着て参謀飾緒《しょくしょ》をかけ、参謀本部にあらわれた。児玉内相はフロックコート姿で執務していたので、事情を知らない部員らは児玉の姿をみて戸惑った。児玉の口から次長就任の説明を受けて、部員たちは驚くとともに対露開戦に光明をみた思いがした。参謀本部は活気づいた。

児玉の重要な任務は、作戦計画で陸海軍の協力体制を確保することであった。陸海軍の助け合いが必要であるにもかかわらず、陸軍と海軍の関係はうまくいっていなかった。田村前参謀本部次長と財部《たからべ》彪《たけし》▲海軍参謀が事ごとに対立したことがしこりとなって残っていたからである。また、山本権兵衛《やまもとごんべえ》▲海相は韓国などは失ってもかまわない、日本は固有の領土を防衛すればよいとして参謀本部の作戦計画に容易には同意しなかった。児玉は参謀本部次長としての仕事の半分を陸海軍の協調確保にそそぐ決意を示し、参謀本部各部長にわだかまりをすて海軍に対して妥協譲歩する覚悟を求め、みずから海軍に対して慇懃《いんぎん》な物腰で対応した。一九〇三年末には海軍側の意見を陸軍がいれ、陸主海従的な戦時大《だい》本営《ほんえい》条例を改正し、国防用兵上参謀総長と海軍軍令部長を同格にして、長らく海軍にまとわりついていた感情的不満を解消しようと試みた。

日露開戦

対露交渉と開戦に向けた重要な政策決定は、元老《げんろう》と主要閣僚が主導し、明治天皇が親臨する御前《ごぜん》会議で決められた。元老は、伊藤博文《いとうひろぶみ》・山県有朋・松方正義《まつかたまさよし》・井上馨《いのうえかおる》・大山巌《おおやまいわお》の五人。閣僚では、桂太郎首相・小村寿太郎《こむらじゅたろう》外相・山本権兵衛海相・寺内正毅《てらうちまさたけ》陸相である。参謀本部次長は元老会議や閣議に出席する資格はなかった。児玉にしても対露交渉などの国策決定に公式には関与できず、日露《にちろ》交渉情報の入手にも制約を受けた。統帥部の参謀総長と海軍軍令部長がおのおの次長をともない閣議に列席するようになるのは、開戦間近の一九〇四(明治三十七)年一月になってからのことである。

日本政府がロシアに対し国交断絶と開戦を決定するのは、一九〇四年二月四日であった。二月六日にはロシア駐在日本公使からロシア外相に対して、交渉打切りと自由行動の権利を留保することを通告し、八日には日本駐在ロシア公使の国外退去を求めた。宣戦布告は二月十日である。日清《にっしん》戦争や日露戦争のころの国際法では、宣戦布告は武力攻撃開始の必要条件ではなかった。

ロシアとの戦いでは、黄海の制海権を手中におさめて陸軍を大陸に派兵することが大前提となる。ロシア太平洋艦隊は、新鋭の戦艦▲や装甲巡洋艦▲を多数擁するロシア海軍最強の艦隊であった。このため、日本海軍は、ロシア太平洋艦隊の主力である旅順《りょじゅん》艦隊を、開戦劈頭《へきとう》の奇襲と艦隊決戦によって撃滅する作戦を立て、旅順港と朝鮮の仁川《じんせん》沖でロシア艦隊を襲撃した(一九〇四年二月八〜九日)。その後も旅順艦隊を繰り返し攻撃したが(四月十六日までに八次にわたる)撃破できなかった。攻撃と併行して、海軍は商船を沈め、ロシア軍艦を旅順港内に封鎖して無力化すべく、旅順口閉塞作戦を二月、三月、五月の三次にわたって実施した。しかし、これも期待した成果をあげられず、海軍はロシア艦隊の出撃に備えて警戒と監視を続けなければならなくなった。

陸軍の作戦計画は、まず、韓国を軍事的に制圧し、第一軍を朝鮮半島に上陸

▼**戦艦**　日露戦争当時の日本の主力艦三笠《みかさ》は、イギリスのアームストロング社で製造され一九〇二(明治三十五)年に完成し、排水量約一万五〇〇〇トン、速力一八ノット、三〇センチ砲四門を搭載。一九〇四年完成のロシアのボロディノは排水量約一万四〇〇〇トン、速力一八ノット、三〇センチ砲四門を搭載。

▼**装甲巡洋艦**　イギリスのアームストロング社で製造され一九〇〇(明治三十三)年に完成した日本の出雲《いずも》は、排水量九八〇〇トン、速力二一ノット、二〇センチ砲四門を搭載。一九〇〇年に完成したロシアのグロムボイは、排水量一万三〇〇〇トン、速力二〇ノット、二〇センチ砲四門搭載であった。

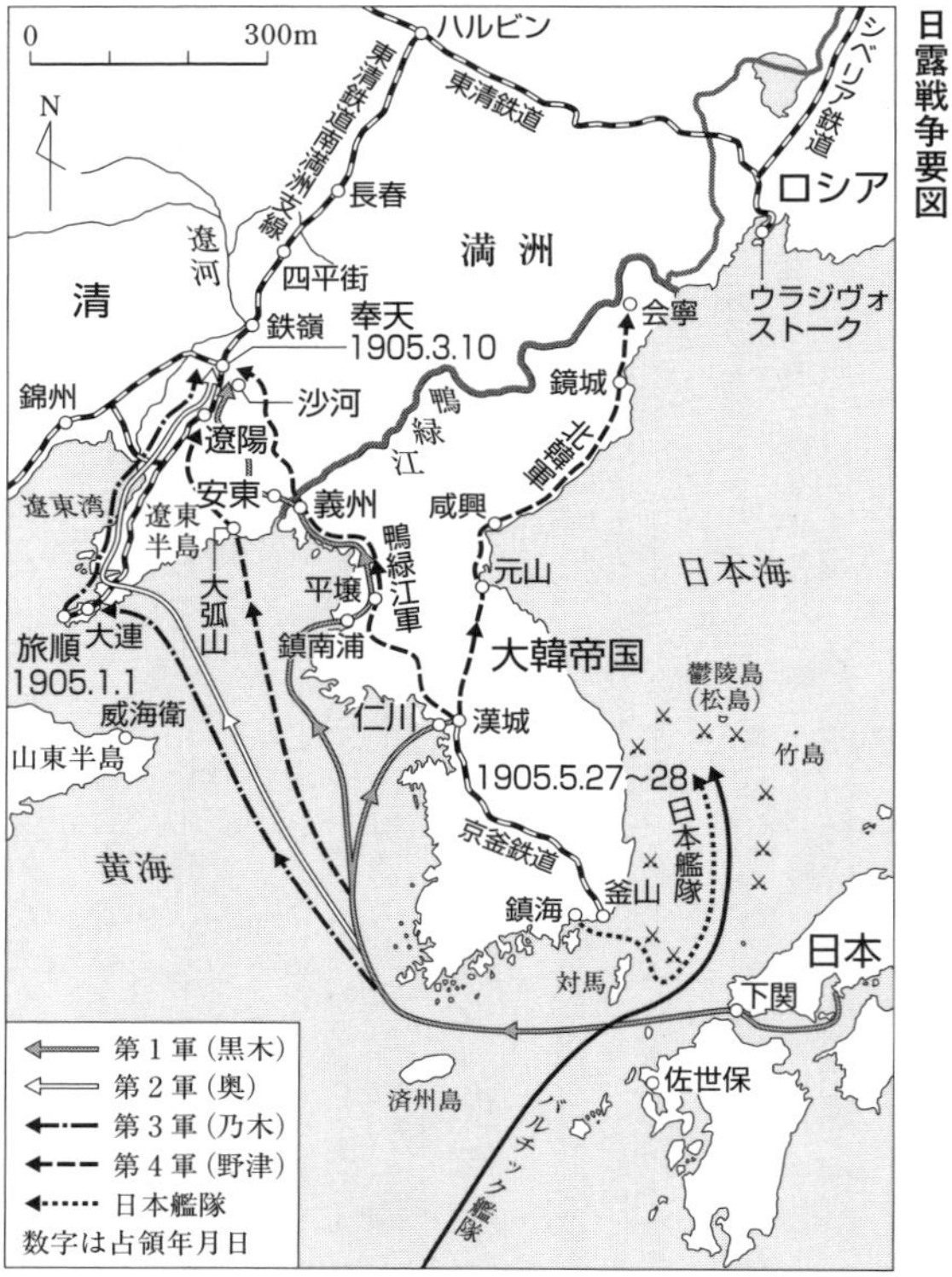

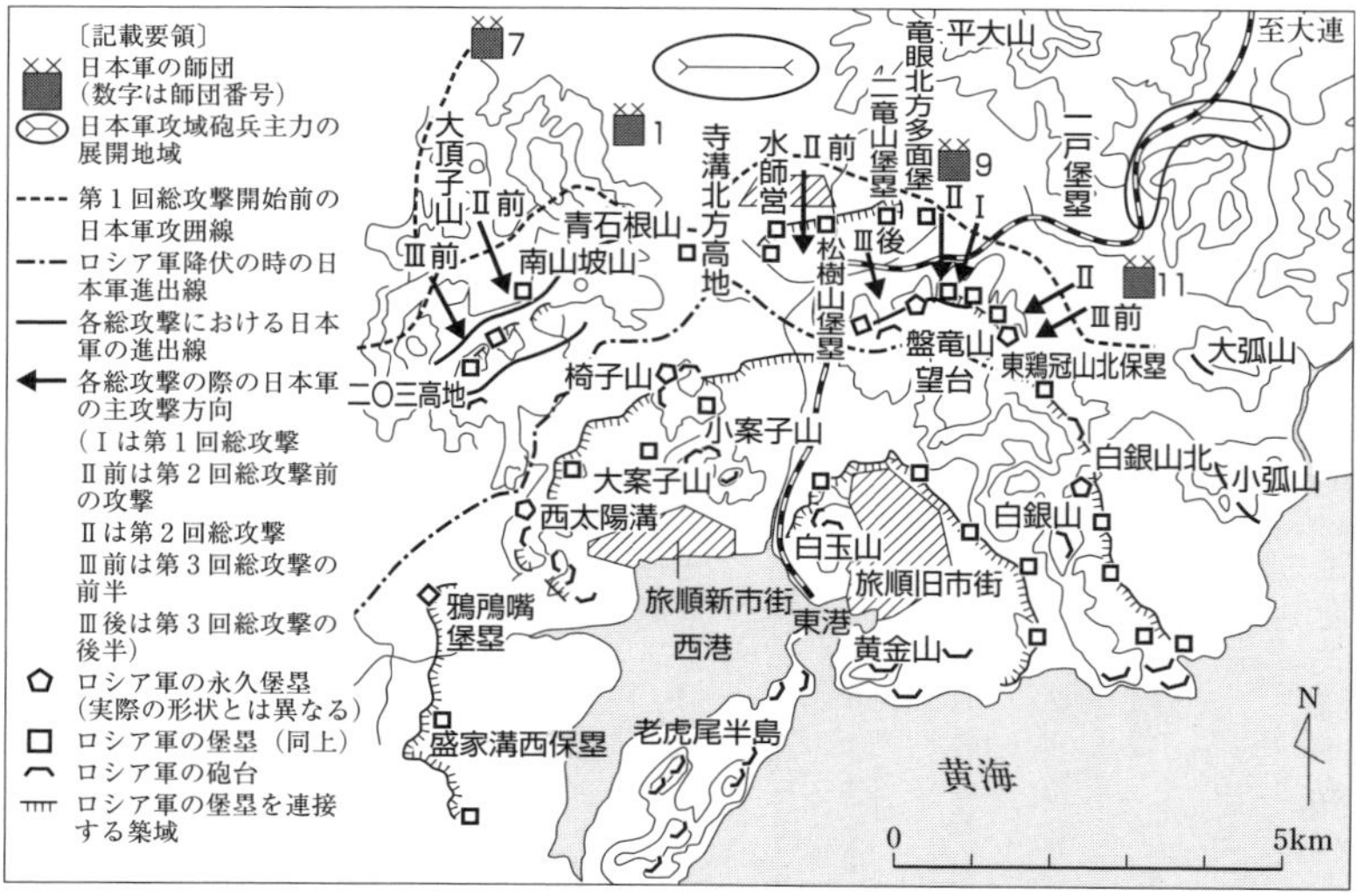

旅順要塞攻略戦の経過要図（桑田悦編『近代日本戦争史第１編』より）

させ、朝鮮半島からロシア軍を駆逐し、さらに鴨緑江《おうりょくこう》を超え満洲《まんしゅう》に進出させてロシア軍を牽制する。そして、遼東《りょうとう》半島に主力の第二軍を上陸させロシア満洲軍と旅順守備軍を分断する。その上で、ロシア軍主力をその根拠地遼陽《りょうよう》で撃破しようとするものであった。

他方、海軍は、日露戦争の全局は海軍の勝利にかかっているとし、陸軍の北進が多少遅れてもやむをえないと考えていた。このため、陸海軍間の作戦調整に時間がかかり、陸軍の遼東半島上陸が予定よりも遅れてしまった。その結果、ロシア軍に陣地構築強化や増兵の時間をあたえることになってしまった。

満洲軍総参謀長として出征する

一九〇四(明治三十七)年三月以降、児玉は皇太子を奉じて大本営の一部を陸軍大総督府として満洲に前進させる計画を立てた。作戦指揮や人事権などに関する出先の権限を大きくしようとする大山や児玉に対して、桂・寺内・山本・山県らが反対した。両派の綱引きの結果、六月二十日に大本営と野戦《やせん》軍の中間司令部として満洲軍総司令部編制が発せられた。大山を総司令官とし児玉を総

黒木為楨

▼**黒木為楨**　一八四四〜一九二三年。薩摩藩出身の軍人。戊辰《ぼしん》戦争に参加し、一八七一（明治四）年、陸軍大尉。日清戦争には陸軍中将・第六師団長として出征。日露戦争では、巧みな指揮によって名将として欧米にもその名が知られた。陸軍大将。

▼**野津道貫**　一八四一〜一九〇八年。薩摩藩出身の軍人。戊辰戦争に参加し、一八七一（明治四）年、陸軍少佐。日清戦争では野戦攻城型の猛将として名をとどろかせる。陸軍大将、元帥。

参謀長とする満洲軍総司令部は七月に東京を出発して満洲に向かった。この間、児玉は陸軍大将に昇進した。大本営参謀総長の後任には山県が就いた。

　中央（大本営）と出先（満洲軍総司令部）の首脳配置は絶妙であった。山県と大山との関係は良好であった。大山は山県を立て、山県は薩派《さっぱ》の軍人に対しては意識的に低姿勢で臨んだ。大山と児玉は円滑な関係を維持した。大山は負け戦さでないかぎり児玉にまかせ、児玉も重要問題はつねに大山に決済《けっさい》を求めた。かつて衝突した児玉と大山であるが、今や十分に意思疎通ができる間柄となっていた。これがかりに、山県総司令官と児玉総参謀長の組合せであったなら、山県が細かなことにも口を挟まずにはいられない性格だったので、児玉とはうまくゆかなかったと思われる。

　児玉と満洲軍の各軍司令官の関係をみると、軍司令官全員が児玉より年上であり軍人として先輩であった。第一軍司令官黒木為楨《くろきためもと》▲、第二軍司令官奥保鞏《おくやすかた》、第三軍司令官乃木希典、第四軍司令官野津道貫《のづみちつら》▲の四人の陸軍大将は、児玉よりも先に大将になっている（乃木は児玉と同日昇進だが、陸軍中将昇進までは乃木が先行していた）。とくに、野津は児玉より一〇歳以上も年上であり、一八九五（明

家族とともに　出征前に児玉邸の庭で撮影されたもの。

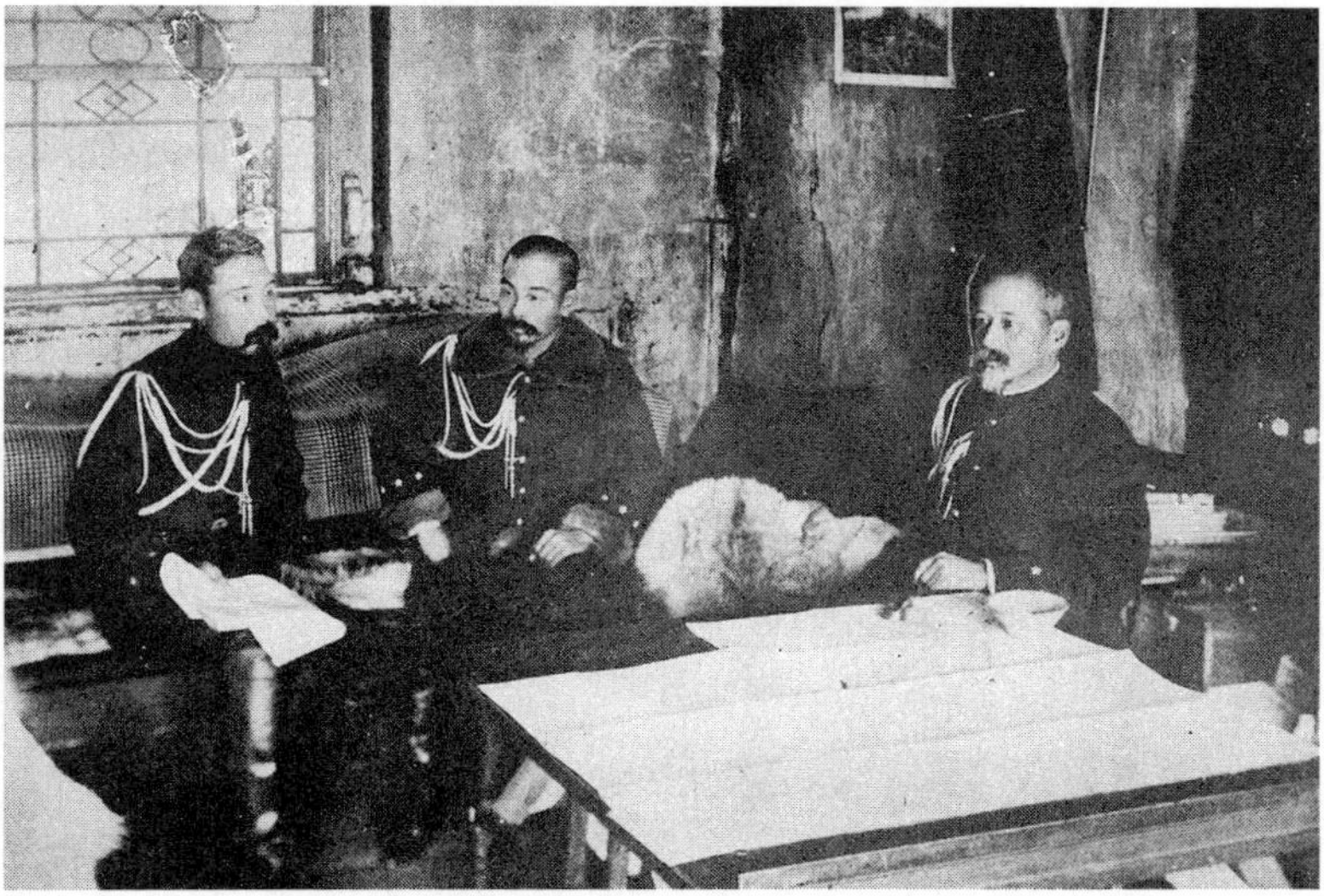

戦地での児玉　満洲軍総司令部の参謀とともに。右から児玉・井口省吾少将・松川敏胤大佐。

治二十八)年には陸軍大将となっており、児玉の大将昇進に先んじることほぼ一〇年である。野津は、日清戦争では第五師団長、そして第一軍司令官として指揮をとったが、動《やや》もすれば大本営の命令に従わず大本営をしばしば悩ませたことがあった。

　満洲軍総司令部を実質的に切りまわす児玉総参謀長と軍司令官とのあいだで、意見の不一致が生じることが予見できた。こうした問題が顕在化することを防ぎ、満洲軍の統一性を保つことが求められる。場合によっては、軍司令官の異論を押し切ることも必要となる。その役割を担うことを元帥陸軍大将の大山総司令官が請け合った。大山は児玉総参謀長がその能力を十分発揮できる環境を保証することによって、満洲軍を指導したということができる。戦場での最高指揮官には平時からの信望が重大な役割を果たすことがあり、大山総司令官と児玉総参謀長という取合せの威重《いちょう》に意味があったのである。これに対し満洲のロシア軍は、総司令官と各軍司令官との関係が必ずしも良好とはいえなかった。日本側は人事の妙を発揮したことになる。

　満洲軍総司令部総参謀長としての児玉の役割は、松川敏胤《まつかわとしたね》▲陸軍歩兵大佐・井《い》

▼**松川敏胤**　一八五九〜一九二八年。仙台藩(宮城県)出身の軍人。一八八二(明治十五)年に陸軍士官学校卒、八七(同二十)年に陸大卒。陸軍大佐・参謀本部第一部長で日露戦争を迎え、満洲軍総司令部作戦主任参謀として献策。大胆で人の意表にでる用兵術は「法《ほ》螺《ら》戦術」などと陰口をたたかれるも、戦術の大家と目された。陸軍大将。

▼**井口省吾**　一八五五〜一九二五年。沼津《ぬまづ》(静岡県)出身の軍人。一八七九(明治十二)年に陸軍士官学校卒、八五(同十八)年に陸大卒。陸軍少将・参謀本部総務部長で日露戦争を迎え、満洲軍総司令部兵《へい》站《たん》主任参謀として出征。若手将校のころから藩閥《はんばつ》の専横に憤慨し、陸大校長時には公正さをもって青年将校を指導した。陸軍大将。

口省吾《ぐちしょうご》▲陸軍少将・福島安正《ふくしまやすまさ》▲陸軍少将などの満洲軍総司令部の主任参謀の議論を聞き、利害得失を検討し判断をくだし、大山総司令官の承認をえて命令を発することを主とした。各軍に対しては、命令のほかに訓令・訓示・意図・希望・注意・激励・督促《とくそく》などを頻繁に発し、満洲軍総司令官命令の意志を徹底させ、総司令部と各軍との意思疎通をはかり、各軍を統一的に掌握して無軌道に陥らないようにつとめた。統帥の実行は、非常に用心深くかつ手堅く確実であり、作戦計画は実行性を重視して策定され、軍に対して過大な要求や無理な任務を押しつけるようなことはあまりなく、多くの場合は可能な限度の八分目を目安に軍に任務をあたえ、その面目をほどこすことができるように配慮したといわれている。

日本陸軍の情報軽視と旅順要塞攻略戦

日露開戦当初、旅順の位置付けは曖昧であった。陸軍は満洲ロシア軍主力との会戦のために遼陽《りょうよう》に向かう作戦計画を立てていた。遼陽に向かって北上する日本軍の後背を衝かれないよう、旅順のロシア軍を監視するのかそれとも攻略

▼**福島安正**　一八五二〜一九一九年。松本《まつもと》藩(長野県)出身の軍人。一八九三(明治二十六)年、単騎シベリア横断を成功させ、その名を内外にとどろかせ「ウラル将軍」とうたわれる。陸軍少将・参謀本部第二部長で日露戦争を迎え、満洲軍総司令部情報主任参謀。多言語に通じた代表的な情報将校。陸軍大将。

福島安正

するのか、決定は後回しにされた。海軍はロシア旅順艦隊を撃破できなかった。旅順のロシア艦隊無力化をはかるために、陸軍による旅順攻略策が採用されることになった。この任務にあたる第三軍が編制されたのは五月末のことであった。海軍としてはロシア・バルチック艦隊が極東にやってくる前に旅順艦隊を撃滅し、バルチック艦隊との決戦に備える必要があった。

日本側は旅順要塞の守備体制について十分な情報を有しておらず、むしろ軽くみていた。日清戦争では事前の予想と違って清の旅順要塞を一日で陥落させたこともあって、日本軍ならば必ず陥落させられるという根拠のない楽観があった。第二軍（兵力約三万五〇〇〇人）の南山《なんざん》陣地戦（一九〇四〈明治三十七〉年五月二十六日）は、わずか一日で当初保有していた砲弾を撃ちつくし、四〇〇〇人を超える死傷者をだした。ロシア軍陣地の構成と頑強な防禦力が明らかとなっていた。陣地攻略のためには重砲が必要であることが第二軍の戦闘報告で指摘されていた。攻撃さえすれば敵は逃げるという考えで旅順要塞攻撃を行ったことは、南山の戦いの教訓を活かせなかったことを意味する。

陸軍は旅順要塞総攻撃開始から一週間内の作戦完了を想定していた。第一次総攻撃を開始した翌日、児玉総参謀長は旅順陥落後に第三軍を船で北上させる準備を大本営に求め、大本営の側でも計画の具体化を進めている。児玉も大本営も楽観していたのである。

開戦後、ロシア側は旅順要塞の防備を積極的に進めた。連続して隣接する堡《ほ》塁《るい》は、正面のみならず側面や背面も相互に防禦できるように有機的に結びつけられていた。堡塁の周辺には塹壕《ざんごう》がめぐらされ、塹壕線の前では高圧電流が流れる鉄条網や地雷が攻撃側の行く手を遮っていた。堡塁の主要部分は強化コンクリートによって構築され、守備兵や大砲などは掩蓋《えんがい》で守られ、幅広く深い壕は堡塁内部への日本兵の突入を阻んでいた。かりにこの壕まで辿り着いたとしても、壕のコンクリート壁面に設けられた砲座や銃座からの猛射が待ち受けていた。こうした要塞を攻略するには、大威力の重砲と砲弾で堡塁の備砲や塹壕に潜む守備兵に打撃をあたえ、坑道を掘って堡塁壁面を爆破して内部に突入し、掩蓋通路沿いに堡塁を制圧することが必要であった。

しかし、陸軍全体として要塞攻撃の戦術研究が不足していた。情報を軽視したため、堅固な旅順要塞の備えを客観的にとらえてもいなかった。さらには、要塞攻略戦に必要な破壊力の大きな新式大砲や砲弾の準備も十分ではなかった。砲撃を行い、ついで歩兵が突撃するという強襲法戦術によって、以上の欠点があらわとなった。その結果、多くの犠牲者をだすことになった。旅順攻略戦の長期化と日本側犠牲者の多さは、乃木率いる第三軍の作戦面での拙劣《せつれつ》さの表れとして理解すればすむ話ではない。

旅順要塞攻略戦をめぐる大本営と満洲軍

満洲軍の第三軍や児玉は、東鶏冠山《ひがしけいかんざん》・二龍山《にりゅうざん》・松樹山《しょうじゅざん》堡塁が連なり望台《ぼうだい》高地が接する東北正面を主攻撃目標として旅順要塞攻略を計画した。五万人の兵力をもって一九〇四（明治三十七）年八月十九日から開始された第一回総攻撃（八月二十四日まで）は、攻撃対象の堡塁斜面に日本兵が死屍累々《ししるいるい》と横たわる悲惨な光景を呈し、一万六〇〇〇人近い死傷者をだして失敗した。続く大規模な攻撃（九月十九〜二十二日、六六ページ下「旅順要塞攻略戦の経過要図」では第二回総攻撃前の攻撃）も約四八〇〇人の死傷者をだして中止となった。

大本営では、西北方面に位置する二〇三高地《こうち》を攻略して観測所を設け、二八

すえつけられた二八センチ榴弾砲

センチ榴弾砲《りゅうだんほう》などの重砲で旅順艦隊を撃破することを急務として、主攻撃先の変更を求める声が強まった。山県参謀総長は大山総司令官に対し二〇三高地攻略を勧めたが、大山は東北方面を主攻とすることを変更せず、二〇三高地は助攻とすると回答した。

十月下旬の第二回総攻撃も約三八〇〇人の死傷者をだして失敗に終わった。ついに、総理大臣や陸海軍首脳が集まり開かれた御前会議決定が、山県から大山に対して伝えられた。旅順港内が見おろせる二〇三高地を占領し、砲撃によってロシア艦隊の戦闘力を奪うことを求める要望であった(十一月十四日)。大山は、旅順の死命を制し旅順港を俯瞰《ふかん》できるのは望台高地であり東北正面の堡塁群攻略準備を変更する理由はないと主張し、来たる一月上旬までには旅順艦隊に打撃をあたえ戦闘力を奪うので次の総攻撃を期待して待つよう大本営に求めた(十一月十六日)。児玉も山県に対して、次回の総攻撃で旅順陥落とはならずとも旅順の死生を握ることはできるという信念を伝えた。満洲軍は今度こそ旅順を攻略してみせると明治天皇にも約束したのである。

日本にとって旅順攻略は待ったなしの段階にさしかかっていた。攻略に成功

野戦砲兵の戦い(沙河会戦)

しなければ、次の総攻撃再開までに弾薬補給や兵員補充などで多くの準備時間がかかってしまう。その間、ロシア軍の増兵は続くのに対して、乃木率いる第三軍は北進できないままである。北方の戦場での兵力量比はいっそう日本軍に不利となる。遼陽会戦《かいせん》(八月下旬~九月上旬)では日本軍一三万五〇〇〇人に対しロシア軍は二二万五〇〇〇人、沙河《さか》会戦(十月)では日本軍一二万人に対しロシア軍は二二万人の兵力であった。旅順を陥落させ第三軍が北上して日本軍の数的劣勢を補う必要があった。また、バルチック艦隊の東航に備え、十二月上旬以降、連合艦隊は修繕のために艦船をドッグ入りさせなければならなかった。

実のところ日本側の陸上からの砲撃によって旅順艦隊艦船は大きな被害を受け軍艦としての機能を失っていた。しかし、日本側はその事実を正確にとらえることができていなかった。このため、以下のような事態すら想定された。すなわち、艦船修理のため旅順口封鎖を解いてしまえば、海上交通路を回復したロシア側は弾薬・糧食などを旅順に運び込み守備体制を再強化できる。そうなれば旅順要塞攻略の困難さが増すだけでなく、満洲軍の兵站《へいたん》基地となっていた大連湾《だいれん》がおびやかされる。バルチック艦隊によってロシアが制海権を奪い返せ

旅順二〇三高地攻撃

ば、日本の満洲軍は補給線を遮断されるので、旅順要塞包囲軍と満洲北方の日本軍は韓国に撤退せざるをえなくなるだろう、と。

大山総司令官が十一月の総攻撃を帝国陸海全軍の安危に関する作戦と位置づけ、犠牲の多さはあえて問わない、作戦目的は唯一つ、望台一帯を占領することである、と訓令したのもこうした理由があったからである。十一月二十二日には、旅順攻略はこれ以上遅延を許さない状態にあるとして、第三軍の総攻撃の成功を切に望む旨の勅語がくだされた。

二〇三高地の争奪戦

十一月二十六日から始まる第三回(第四次と表記されることもある)総攻撃において、東北主攻正面への突撃が失敗したあと、二十七日から第三軍は攻撃を二〇三高地に転換し、十二月六日までロシア軍と争奪戦を繰り広げることになる。十一月二十九日に大山総司令官から第三軍の攻撃指揮権をあたえられた児玉は、二〇三高地攻撃の作戦指導が成功しなかったならば生還しない覚悟で臨み、遺言状を秘書官に託した。満洲軍は必ず旅順艦隊に打撃をあたえ、戦闘力を奪う

東鶏冠山北堡塁の爆破

と断言していたからである。

　十二月一日、児玉は第三軍司令部に着いた。児玉は乃木に二〇三高地攻撃の指揮を自分にまかせるよう求め、乃木は涙を流しながら同意した。児玉は軍司令部と師団の参謀に対し、まるで陸軍大学校の学生に問題でも課すかのように二〇三高地攻撃案を提出するよう命じ、攻撃計画の修正を求め、陣地移動に難色を示す重砲隊を押し切って重砲陣地を転換させた。その重砲によって二〇三高地周辺にあったロシア軍火砲を制圧するとともに、二〇三高地への集中砲撃を行い、歩兵部隊を突撃させ二〇三高地を占領する作戦を実行した。十二月五日の午後に二〇三高地東北部の頂上を占領するや、児玉は観測所を設け二八センチ榴弾砲で旅順港内のロシア軍艦を砲撃するよう命じた。高地を完全制圧したのは、十二月六日であった。児玉は十二月九日、第三軍司令部を後にして煙《えん》台《だい》の満洲軍総司令部本部に帰る。

　旅順要塞攻略作戦はその後も続けられ、各堡塁を個別撃破し、十二月末にいたるまでに東鶏冠山北堡塁・二龍山堡塁・松樹山堡塁を順次陥落させ、一九〇五（明治三十八）年一月一日には望台高地を占領した。ロシア軍も多くの守備兵

陥落後の旅順港(『日露戦役回顧写真帖』より)

を消耗し、望台高地まで占領された段階で開城を決定し、一月二日に開城規約が調印された。

第三回総攻撃における日本軍死傷者数は約一万七〇〇〇人であり、そのうち約一万人が二〇三高地争奪戦での犠牲者であった。日露戦争では、堡塁を連ねる防御陣地を攻略するのに、実に多くの日本兵が血を流した。旅順要塞第一回総攻撃から陥落まで、日本軍の死傷者は五万九〇〇〇人を超える。日露戦争は、膨大な量の武器・弾薬を消耗し多くの人命を奪った総力戦であった。ここから第一次世界大戦に先立つ「第零次世界大戦」という呼称も提唱されている。

軍事的勝利と国力の限界

一九〇五(明治三十八)年二月下旬から三月上旬にかけて、奉天《ほうてん》付近で日本軍約二五万、ロシア軍約三二万の軍勢が激突した。満洲軍総司令部が日露戦争の関《せき》ヶ《が》原《はら》と位置づけたこの会戦で、日本軍は死傷者約七万人をだしながらも奉天を占領した。遼陽会戦でも奉天会戦でもロシア軍は街道沿いのいたるところに堡塁や野戦陣地を設けていた。日露戦争は基本的に要塞攻略戦陣地戦であった。

奉天会戦で追撃中の後備兵

日本軍の勝利は、運も味方に引き寄せることができた結果であった。第三軍司令部勤務のある参謀がいうには、旅順攻略戦は失敗だらけであり、日露戦争全体を通じて不十分な点はたくさんあった。幾度かの会戦に勝利したが、それは薄氷を踏むようなものであり、遼陽会戦でもロシア軍が退却せず首山《しゅざん》の陣地で抵抗を継続していたならば、日本軍が退却する事態に陥ったかもしれなかった、と。また、満洲軍総司令部の一参謀は、日露戦役は日本軍が勝ったのではなく、各会戦最後の五分間でロシア軍が負けたのだと語っている。

予想外の事態に直面する戦争で、日本軍はしばしば失敗をしながらも一定の修正を行いそれを勝利につなげることができた。海岸要塞砲であった二八センチ榴弾砲を旅順要塞攻城戦に用いたり、沙河や奉天会戦では野戦陣地攻撃にも使用している。こうした柔軟な発想と対応能力は評価されるべきであろう。

幸運な勝利を重ねてきたともいうべき日本軍であったが、戦争継続は困難となりつつあった。奉天会戦後、政府は出先と中央の意思疎通をはかるために児玉満洲軍総参謀長を呼び戻す。児玉が余人《よじん》をもってかえがたい役割を担うのはこのときである。

二八センチ榴弾砲の運搬

占領した奉天に入城する大山巌元帥ら（鹿子木《かのこぎ》孟郎《たけろう》画「日露役奉天戦」）

一九〇五年三月二十八日、児玉は密かに帰京し、天皇に戦況を奏し、大本営で戦況と今後の見通しを報告した。前戦で彼我の状況を客観的にとらえることができたのが児玉であった。伊藤や山県といった元老や桂首相・小村外相・山本海相・寺内陸相などの閣僚が居ならぶなか、児玉はすみやかに和を講じるべきと進言した。陸軍は戦力的限界に直面していた。旅順要塞戦や幾度もの会戦で大隊長以下の多くの将校を失い、部隊の初級幹部の素質は劣化する傾向を示していた。補充兵は戦場に投入されるまでの教育が不十分で、全体として戦力低下はまぬがれなかった。また、砲弾や銃弾の生産能力は需要の半分も満たせなかった。これに対して、ロシア軍の兵力増強は続いていた。政治と軍事の両方を経験した児玉だからこそ、戦争を始めた者は適当な時機に戦争を止めなければならないと、政府や陸海軍首脳部に説くことができたのである。

児玉の説得によって、迅速な和平回復のために適当な外交手段をとるという閣議決定が行われた。この決定は四月十日、天皇に上奏《じょうそう》され裁可《さいか》された。こののち、外交手段に関して伊藤・山県と桂・小村との意見が対立したものの、児玉が両者のあいだに立って調整を行った。その結果、日本から講和推進のために駐米公使を通じてアメリカ大統領ルーズベルト▲の、意見を求めることになった。

軍事的勝利を政治的成功に結びつけて戦争目的を達成することは、簡単なようにみえて実はむずかしい。これをなしとげるためには、陸軍大臣はもとより参謀総長・総司令官やそれに準ずる立場の最上級の軍人が、自国の国力と戦争目的を把握し、講和の機会をとらえる政治的感覚を有することが求められる。そして、こうした軍事指導者が政治指導者と協調して、軍事と政治を統合する役割を果たさなければならない。そのためには、軍人として敬意を払われるだけの経歴をもつ、軍事指導者の豊かな政治感覚が、一国の政治的意思決定過程に反映される必要があった。

児玉は十分な軍歴と閣僚経験を兼ね備える当時有数の人物であり、戦勝の功績によって発言力を高めていた。これに加えて、日露戦争期の政策決定のあり方は、児玉をいっそう重要な人物たらしめた。明治政府では、薩摩《さつま》と長州の藩閥勢力が長らく大きな影響力を有していた。政策決定の中枢に位置したのは、政府では桂首相・小村外相・寺内陸相・山本海相であり、元老では伊藤と山県

▼**セオドア＝ルーズベルト**　一八五八〜一九一九年。アメリカ合衆国第二十六代大統領（一九〇一〜〇九年）。日露戦争では日本に好意を示し講和を斡旋する。その背景にはアメリカにとって好ましい東アジアでの勢力均衡を形成しようとする目論見があった。

であった。児玉は、桂とは個人的にも親しく桂内閣の閣僚もつとめ、寺内とも古くからの付合いで、子ども同士が結婚して縁戚関係にあった。そして、長州閥の幹部・閣僚として伊藤や山県と政治的・軍事的関わりを保ってきた。長州系の元老や閣僚にすれば、児玉が戦争終結に向けた流れをつくりだそうとする発言の重みを受けとめざるをえなかった。

こうした児玉の動きを後押ししたのが大山総司令官であった。奉天会戦後、大山は政略と戦略を一致させる重要性を上奏した。大山は出征時から講和の機会を適切につかむよう山本海相に依頼していた。戦場を離れられない大山にかわって、児玉が講和促進を長州系の首相と元老に働きかけることを、薩摩系の元老と有力閣僚が支援する関係にあったということができる。

六月になって日本政府は、高平小五郎《たかひらこごろう》▲駐米公使を通じてルーズベルト大統領に和平への友誼的斡旋を要請した。ロシアは国内事情が不安定化し、アメリカの仲介を受け入れた。アメリカのポーツマスで開かれる講和会議に向けて政府は、韓国の自由処分、満洲からの撤兵、旅順・大連と東清鉄道南満洲支線譲渡の三件を絶対必要条件とし、償金は事情の許すかぎり求めるとした。軍費賠償

▼**高平小五郎**　一八五四〜一九二六年。陸奥《むつ》一関《いちのせき》（岩手県）出身の明治期の外交官、大正期の政治家。一八七六（明治九）年、外務省にはいり、外務次官をへて、一九〇〇（同三十三）年から駐米公使をつとめていた。日露講和会議では小村外相とともに全権委員となる。

二元帥六大将(『日露戦争30周年記念写真　昭和９年７月』より)　1905(明治38)年７月，山県有朋参謀総長の戦線視察時の記念写真。左から黒木為楨・野津道貫・山県・大山巌・奥保鞏・乃木希典・児玉源太郎・川村景明《かわむらかげあき》。

日比谷焼打ち事件(『風俗画報』1905年10月10日号より)

要求案をみた児玉は、桂の馬鹿が償金をとる気になっていると語り、講和交渉が困難になるのではないかと気を揉んだ。講和条約は一九〇五年九月五日調印された。

講和条約によって、韓国における日本の支配的な地位の承認、旅順—長春《ちょうしゅん》間のロシア東清鉄道南満洲支線(南満洲鉄道《みなみまんしゅうてつどう》)や旅順・大連の租借権《そしゃくけん》の譲渡、樺太《からふと》の南半分の割譲《かつじょう》などをロシアに認めさせた。戦争で大きな犠牲と負担を強いられた国民は賠償金がえられない講和に反対し、その一部は暴徒化し、東京は騒乱状態となった(日比谷《ひびや》焼打ち事件)。

④—日露戦後における児玉の位置

首相候補と目される

一九〇五（明治三十八）年四月から、桂太郎《かつらたろう》は政友会《せいゆうかい》の原敬《はらたかし》▲と政権授受の協議を行っていた。まだ講和会議が始まっていない段階であるが、桂首相は講和結果に国民が不満をいだくと予想し、これをおさえるために政友会の協力が不可欠と考えたのである。桂は来たるべき西園寺公望《さいおんじきんもち》▲内閣の陸相候補に寺内正毅《てらうちまさたけ》現陸相か児玉をあげた。

政権授受協議のなかで桂は原に対して、児玉が戦功に乗じて首相就任の野心をいだいているかもしれないと語っている。桂は児玉宛伝言を後藤新平《ごとうしんぺい》に託した。すなわち、桂としては、政権を西園寺に譲るつもりであること、もし児玉が内閣を組織する考えを有しているのなら、その旨知らせてほしい、と。後藤は児玉内閣論に賛成していなかった。児玉は内閣を組織する意志はなく、台湾経営に任じると後藤に伝えた。

講和条約調印後、政界では桂内閣の後継首相として児玉の名があがりはじめ

▼**原敬**　一八五六〜一九二一年。盛岡藩（岩手県）出身の明治・大正時代の官僚、政治家。新聞記者をへて外交官に転じ、外務次官などを歴任する。立憲政友会結成に参加し西園寺公望を補佐しながら、政友会を藩閥勢力に対抗するまでの勢力に育て上げる。一九一八（大正七）年、首相。

▼**西園寺公望**　一八四九〜一九四〇年。公家《くげ》出身の明治から昭和期にかけての政治家。政治的経歴は戊辰《ぼしん》戦争期にまでさかのぼる。伊藤の後を受けて政友会総裁となり、二度首相となる。桂太郎と政権交代を繰り返した時期は「桂園《けいえん》時代」と呼ばれる。最後の元老として昭和期まで影響力を持ち続けた。

た。元老《げんろう》の伊藤は、政友会と憲政本党《けんせいほんとう》の一部を合同させ新党をつくり、これと藩閥《はんばつ》官僚改革派を連携させて安定政権を樹立しようとした。児玉がその内閣首班に予定された。伊藤は、内閣総理大臣の権限を強化し、参謀本部の権限を削減し、軍の帷幄上奏権《いあくじょうそうけん》▲も制限して、内閣による軍事行政の監督機能を拡大してゆく改革構想をいだいていた。伊藤は憲法に適合的な組織に陸軍を改革してゆくための協力者として、児玉に期待していたといわれている。

結局、児玉がこのとき組閣することはなく、一九〇六(明治三十九)年一月、第一次西園寺内閣が成立する。陸相には寺内が留任した。

満洲経営委員会委員長

大本営《だいほんえい》で運輸通信長官をつとめていた参謀本部第三部長大澤界雄《おおさわかいゆう》▲は、「満洲《まんしゅう》経営策梗概《こうがい》」(一九〇五〈明治三十八〉年十月五日)と題される意見書を児玉に提出した。戦後の満洲経営の要訣《ようけつ》は、陽に鉄道経営の仮面を装い、陰に百般の事業を行うことであると意見書は論じていた。そこでは、「遼東総督《りょうとうそうとく》」が兼任する「満洲鉄道庁長官」のもとに鉄道経営や経済活動のほかにロシア・清《しん》との外交や軍

▼**帷幄上奏権**　参謀総長・海軍軍令部長などの統帥機関に認められた上奏権で、陸相・海相にも統帥事項に関して上奏権が認められていた。しかし、上奏の範囲を軍が恣意《しい》的に拡大したり、上奏について首相に事後報告ですませることは、首相による国家行政の統一を阻害するという弊害を生じさせた。

▼**大澤界雄**　一八五九～一九二九年。三河《みかわ》(愛知県)出身の軍人。一八八一(明治十四)年に陸軍士官学校卒、八八(同二十一)年に陸大卒。輜重兵《しちょうへい》大佐・参謀本部第三部長で日露戦争を迎え、大本営陸軍部の運輸通信長官をつとめる。陸軍きっての鉄道専門家として鉄道国有論を唱え南満洲鉄道経営の原案を児玉に提示した。陸軍中将。

若槻礼次郎

▼**若槻礼次郎**　一八六六～一九四九年。松江《まつえ》藩(島根県)出身の明治・大正・昭和期の大蔵官僚、大正・昭和期の政治家。一八九二(明治二十五)年、帝国大学法科大学卒。蔵相・内相などをへて、二度首相となる。

事課報に関する業務を分担させることが計画されていた。児玉はこの考えに基本的に同意をあらわし、「満洲経営策梗概」を具体化する作業に取りかかることになった。

満洲軍総司令部は一九〇五年十二月七日に宮中《きゅうちゅう》で凱旋《がいせん》式を行い、児玉は翌年一月に、外務・大蔵・逓信《ていしん》の各省次官と局長を委員とする満洲経営委員会の委員長になった。満洲経営委員会では鉄道の経営形態を株式会社とすることに決め、一九〇六(明治三十九)年七月、児玉が南満洲鉄道株式会社設立委員長となった。満鉄《まんてつ》の所有と経営を日本が握り、日本と中国大陸の通商貿易を拡大させることで、日本の経済発展を構想したのであった。

児玉は、相変わらず決定が迅速で躊躇《ちゅうちょ》することなく作業を進展させた。満洲経営委員として児玉に接した大蔵次官若槻礼次郎《わかつきれいじろう》▲は、児玉委員長の下で働くのは非常に愉快で、児玉を非常に頼もしく感じたと回顧している。児玉は外務・大蔵・逓信各省の次官や局長と仕事を共にし、彼らを心服させた。これは、軍事・外交・財政などを包括する、より高次の政治的統合機能を期待された児玉にとって大きな政治的財産になるはずであった。

参謀総長就任と突然の死去

一九〇六(明治三十九)年四月十一日、児玉は長年の台湾統治の功によって子爵《ししゃく》に進められ、参謀総長に補せられた。これにともないそれまで本官であった台湾総督を免ぜられた。明治天皇は児玉参謀総長と寺内陸相との組合せを案じた。児玉は突飛《とっぴ》新式な果断家で寺内は着実緻密《ちみつ》な旧式家なので、両者が将来衝突するかもしれないと懸念されたのである。このため、児玉総長と寺内陸相の関係が円滑に運ぶよう配慮することを求める天皇の希望が、山県有朋《やまがたありとも》と大山巌《おおやまいわお》の陸軍二長老に伝えられた。

旧満洲軍総司令部参謀・参謀本部部員が児玉新参謀総長に期待したものは、日露《にちろ》戦後経営において政治と軍事の統合をはかることであった。日露戦争の経験を通じて、野戦《やせん》部隊や参謀本部の弱点や課題、陸軍内部における参謀本部と陸軍省の権限問題、陸軍と海軍の組織間問題が洗いだされた。戦後において、これらの問題解決が児玉に期待されていたのである。

日露戦争の経験は、今後の戦争が陣地戦に限られると予想させた。強力な大砲を保有すること、銃砲弾生産能力を拡充することが必要であった。また、日本軍の縦横に張りめぐらされた電信・電話線による素早い情報伝達と指揮命令が、各部隊の連携を可能とし、日本軍の数的劣勢を補い、勝敗に大きな影響をあたえた。通信手段のいっそうの充実に向けた新組織の創設が求められた。

参謀本部の組織的弱点として自覚されたのが情報部門であった。戦場での情報収集と分析が不十分で、作戦計画に有益な諜報があまりえられなかった。それでも日本軍が勝利したのは、情報に関してロシア側がより多く重大な誤りをおかしたからであった。また、統計資料の収集と戦時における活用も貧弱であった。その原因の一つは、平時からの調査が不十分であったからである。情報は軍備を決定し作戦を準備する基礎である。情報部門の強化をはかる組織的改編が急務であった。

陸軍省と参謀本部との関係も改善されるべき点があった。省部間での意思疎通を欠き、知らず知らずのあいだに一種の確執を生み、作戦準備と実施に少なからざる悪影響をあたえていた。そこで参謀本部は戦時作戦上の統帥部に徹し、軍事行政は陸軍省の管轄とするという方針で、省部間の権限を整理する問題解決策が用意された。

▼田中義一　一八六四〜一九二九年。長州《ちょうしゅう》藩《はん》出身の明治・大正・昭和初期にかけての軍人、政治家。一八八六(明治十九)年に陸軍士官学校卒、九二(同二十五)年に陸大卒。ロシアに留学し参謀本部ロシア課主任となり、日露戦争には満洲軍参謀として出征し、児玉の謦咳《けいがい》に接した。陸相などをへて首相となる。陸軍大将。

田中義一

参謀本部独自に行えるものや、陸軍大臣との協議で実行可能な課題は実現したものも多い。しかし、海軍や政府との協議調整を必要とする課題は、より高い政治力が求められる。参謀本部部員の田中義一《たなかぎいち》▲は、戦略と政略を一致させ陸海軍の軍備と財政の調和が必要であるとし、政府・参謀本部・海軍軍令部が協議を行い、国防方針を決定するよう、児玉参謀総長に訴えた。こうした高度な政治的調整に、児玉が大きな役割を果たすことを期待していたのであった。

陸海軍の関係調整は大きな課題であった。陸海軍の作戦調整が難題であったことは前にみた。この問題は、陸海軍間の感情的対立というよりは、日本の安全保障政策に韓国をどう位置づけるかという、国家政略上の大方針とかかわっていた。この不一致が陸軍と海軍の軍事戦略上の利害の相異となってあらわれていた。日露戦争の結果、日本はあらたな権益を中国大陸に獲得した。それは、陸海軍間の軍事戦略の違いをより際立たせるかもしれなかった。軍事戦略は、軍事力整備計画と結びつく。兵力量の増減は戦後における陸海軍最大の利害関心事となる。ところが講和条約では、賠償金はえられなかった。国家歳入の数年分にのぼる内外債をかかえた財政状況が戦後経営の前提であった。軍備に投じる国家資源の配分をめぐって陸軍と海軍が競合することは必至であった。こうして、国家政略・軍事戦略・軍事力整備は有機的に結びつき、大きな政治課題となる。

陸海軍が個別利益に基づきそれぞれ軍備拡張を主張すれば、過度の軍事費負担によって経済の発達を阻害し、軍備が逆に自国をあやうくする凶器になってしまう。児玉は、国力に見合わない過大な軍拡を行い国家の衰微をきたさぬよう注意を喚起し、軍事当局者は深く自己抑制し熟慮すべきと自戒した。陸軍はロシアが復讐戦を仕かけてくることを懸念した。ロシアは極東に五〇個師団相当の兵力を、開戦一年後に集中させることができると予想された。これに対し、児玉は、常備一九個師団(戦時三八個師団)の整備をもって対処しようとした。日露戦争の教訓に基づく改良策の実施と、ロシア軍に対する兵力量の劣勢を補うさまざまな工夫がその前提となっていた。講和条約が締結された段階で常備一七個師団があった(一九〇五〈明治三十八〉年に四個師団があらたに編制されていた)ので、二個師団の増設が必要となる。同時期の陸軍拡張案のなかでももっとも抑制された案であった。

戦後経営における一大政治課題としての国家政略・軍事戦略・軍備計画の総合調整に向けた第一歩を踏み出そうとしていた矢先の、一九〇六年七月二十三日、脳溢血で突如児玉は死去する。五五年の生涯であった。

児玉が死亡したのち、参謀本部は児玉が反対していた平時二五個師団・戦時五〇個師団の軍備拡張案を上奏する。山県有朋がこの動きの背後にいた。陸海軍の軍備と共同作戦を調整する作業は、児玉の死去によって大きく変質した。山県が主導した帝国国防方針《ていこくこくぼうほうしん》▲は、政府と陸海軍統帥部との協議はなされず、陸海軍間の作戦調整は不十分であった。仮想敵の第一位に、陸軍はロシアを、海軍はアメリカを擬し、陸軍・海軍それぞれが巨大な所用兵力量を掲げることになった。政府と軍が十分な協議を行わなかったことは、国務と統帥の乖離《かいり》を生み出すもととなった。陸軍と海軍がそれぞれ異なる仮想敵を掲げたことは、陸海軍のセクショナリズムを助長し、共同作戦の実現をいっそう困難とした。これらが日本を破滅に導く宿痾《しゅくあ》となったことはその後の歴史が示している。日本は日露戦争を通じてえたさまざまな教訓を、十分に活かすことができなかったことになる。児玉の突然の死去が惜しまれるゆえんである。

▼**帝国国防方針**　一九〇七(明治四十)年策定。「帝国国防方針」「国防に要する兵力」「帝国の用兵綱領」から構成される。陸軍はロシアを海軍はアメリカを仮想敵の第一位におき、所用兵力量は陸軍が平時二五個師団・戦時五〇個師団、海軍が戦艦八隻・装甲巡洋艦八隻を基幹とする最新鋭の艦隊を整備するものとし、攻勢作戦に基づき先制の利を占め機先を制することを用兵の骨格とした。

リーダーシップの観点から児玉の歩みを振り返るとき、それは明治陸軍における一つの到達点を示しているように思われる。

西南戦争で熊本城が炎上したときの児玉の行動は、その後の歴史を左右するほどの重要性があった。児玉によってつくりだされた将兵の一体性と相互の信頼感によって熊本城は死守された。児玉がみずから率いる部隊を模範的連隊にすることができた理由は、部隊を学習する組織に仕立てたからであった。児玉は、当時の陸軍将校が少佐・大隊長級になると地位に安住してしまう傾向にあきたらぬ思いをしていた。児玉はみずから学習するだけではなく、部下の将校が学習することを励まし、業績をあげた部下がさらにその技量を発揮できる途を開いてやった。

部隊の参謀や指揮官としての経験に加えて、児玉は陸軍全体の国防計画・制度構築・軍事行政にもかかわった。こうした軍人としての豊富な実務経験に裏打ちされた知識と技術は、台湾統治に応用された。児玉の場合、軍事の延長線上に政治があった。

参謀本部次長としての児玉のリーダーシップは、参謀としての戦術的能力に依拠するものではない。それは、数十年にわたる軍人としての実績と政治的経歴が示す児玉の全人格によって形成されたものであった。籠城《ろうじょう》を成功させ、模範連隊をつくりあげ、日清《にっしん》戦争を軍事行政から支え、台湾経営を基礎づけた多様で大きな功績に加えて、地位に拘泥せず、内務大臣から参謀本部次長に就いた児玉の無私と愛国心が、参謀本部をはじめ陸軍全体の指導を可能とした。

軍事的勝利を政治的成功に結びつけることは、簡単なようで実はむずかしい。日清戦争では三国干渉があったし、朝鮮での政治改革は失敗した。日中戦争では、相手国の首都を陥落させた軍事的勝利を外交交渉を通じた政治的成果とすることに失敗した。これらを想起すれば、児玉一人でなしえたことではないにせよ、戦争から講和への流れをつくりだした児玉の役割は強調されてもよい。

児玉は、内乱、陸軍近代化、植民地《しょくみんち》統治、二度の戦争の各段階で、みごとな指導力を発揮した稀有《けう》な存在ということができる。

写真所蔵・提供者一覧(敬称略, 五十音順)

朝日新聞社　p. 80, 81右
石川県立美術館　p. 43下
石黒敬章　p. 25上
宮内庁三の丸尚蔵館　p . 21上・中
熊本博物館　p. 12中・下
国立国会図書館　p. 30, 35上・下, 42, 48, 49, 52, 53, 55, 57, 59上右・上左, 63, 68, 71, 76, 84下, 88, 91
周南市美術博物館　カバー表, カバー裏, 扉, p. 7上右・上左, 25下右, 47下
聖徳記念絵画館　p. 43上, 81左
大英図書館・アジア歴史資料センター　p. 35中, 43中
冨重写真所　p. 12上
乃木神社　p. 75, 77, 78
文生書院　p. 51中
防衛研究所戦史研究センター　p. 84上
ボストン美術館・ユニフォトプレス　p. 21下
ユニフォトプレス　p. 51上, 54, 79
横浜開港資料館　p. 51下
『藤園記念画帖』(マツノ書店)　p. 7下左, 25下左, 47上, 59下, 69上・下

参考文献

石光真清『城下の人』中公文庫, 1978年
伊藤之雄『立憲国家と日露戦争』木鐸社, 2000年
井上寿一『山県有朋と明治国家』NHKブックス, 2010年
大江志乃夫『日露戦争の軍事史的研究』岩波書店, 1976年
大澤博明『近代日本の東アジア政策と軍事』成文堂, 2001年
大谷正『日清戦争』中公新書, 2014年
小川原正道『西南戦争』中公新書, 2007年
階上岑夫編(児玉台湾総督口述)『熊本籠城談』白土幸力, 1900年
片山慶隆『小村寿太郎』中公新書, 2011年
北岡伸一・田勢康弘『指導力』日本経済新聞社, 2003年
宮内庁編『明治天皇紀』全12巻, 吉川弘文館, 1968〜77年
桑田悦編『近代日本戦争史　第１編　日清・日露戦争』同台経済懇話会, 1995年
J. グレン＝グレイ(谷さつき訳)『戦場の哲学者』PHP研究所, 2009年
黒野耐『参謀本部と陸軍大学校』講談社現代新書, 2004年
黒龍会編『西南記伝』上・中・下, 原書房, 復刻, 1969年
故伯爵山本海軍大将伝記編纂会編『伯爵山本権兵衛伝』上, 原書房, 復刻, 1968年
小林一美『増補　義和団戦争と明治国家』汲古書院, 2008年
小林和幸『谷干城』中公新書, 2011年
小林道彦『児玉源太郎』ミネルヴァ書房, 2012年
斎藤聖二『北清事変と日本軍』芙蓉書房出版, 2006年
坂本一登『伊藤博文と明治国家形成』講談社学術文庫, 2012年
宿利重一『児玉源太郎』マツノ書店, 復刻, 1993年
宿利重一『メッケル少佐』マツノ書店, 復刻, 2010年
杉山茂丸『児玉大将伝』中公文庫, 復刻, 1989年
瀧井一博『伊藤博文』中公新書, 2010年
竹内正浩『鉄道と日本軍』ちくま新書, 2010年
谷寿夫『機密日露戦史』原書房, 1966年
千葉功『桂太郎』中公新書, 2012年
鶴見祐輔編『後藤新平』１・２巻, 後藤新平伯伝記編纂会, 1937年
戸髙一成『海戦からみた日清戦争』角川oneテーマ, 2011年
春山明哲『近代日本と台湾』藤原書店, 2008年
古屋哲夫『日露戦争』中公新書, 1966年
防衛庁防衛研修所戦史室『戦史叢書　大本営陸軍部』１, 東雲新聞社, 1967年
防衛庁防衛研修所戦史室『戦史叢書　大本営海軍部・連合艦隊』１, 東雲新聞社, 1975年
森松俊夫『大本営』教育社歴史新書, 1980年
森山守次・倉辻明義『児玉大将伝』東京印刷, 1908年
横手慎二『日露戦争史』中公新書, 2005年
吉武源五郎編『児玉将軍十三回忌寄稿録』マツノ書店, 2010年
読売新聞取材班『検証　日露戦争』中央公論新社, 2005年
陸軍省編『明治天皇御伝記史料　明治軍事史』上・下, 原書房, 1966年

児玉源太郎とその時代

西暦	年号	齢	おもな事項
1852	嘉永5	1	閏*2-25* 徳山藩士児玉半九郎忠碩・モトの長男として誕生
1856	安政3	5	*10-19* 父半九郎死去
1864	元治元	13	*8-12* 義兄次郎彦暗殺，児玉家家名断絶
1865	慶応元	14	*7-13* 家名復興，元服して源太郎忠精と名乗る
1869	明治2	18	*5-* 箱館戦争参加。*6-4* 東京に凱旋。*8-* フランス式歩兵学修業のため京都に赴く
1870	3	19	*6-2* 大隊6等下士官に任官
1871	4	20	*8-6* 陸軍少尉となる
1874	7	23	*2-* 佐賀の乱に派遣され，戦闘により負傷する。*8-* 熊本鎮台勤務となる。*10-* 岩永マツと結婚，陸軍少佐となる
1877	10	26	*2-* 西南戦争勃発。熊本城に籠城し，のちに各地を転戦する
1878	11	27	*2-25* 近衛局出仕
1880	13	29	*4-30* 陸軍歩兵中佐に昇進し，東京鎮台歩兵第2連隊長に補せられる
1883	16	32	*2-6* 陸軍歩兵大佐に昇進
1885	18	34	*5-26* 参謀本部管東局長。*7-24* 参謀本部第1局長
1886	19	35	*3-19* 臨時陸軍制度審査委員。*9-30* 兼陸軍大学校幹事
1887	20	36	*6-3* 監軍部参謀長。*10-24* 兼陸軍大学校校長
1889	22	38	*8-24* 陸軍少将に昇進
1891	24	40	*10-25*〜 軍事視察のためヨーロッパ巡回に出発
1892	25	41	*8-* 帰国。*8-23* 陸軍次官に就任(1898年1月まで)
1894	27	43	*8-* 日清戦争始まる。*9-8* 参謀本部御用取扱を兼任
1895	28	44	*3-* 陸軍参謀を兼任。*8-20* 戦功により男爵を授けられる
1896	29	45	*10-14* 陸軍中将に昇進
1898	31	47	*1-14* 陸軍次官から第3師団長に転任。*2-26* 第3師団長を免ぜられ台湾総督に任じられる
1900	33	49	*6-* 清への陸軍派遣を閣議決定。*8-* 厦門事件。*12-23* 第4次伊藤博文内閣の陸軍大臣を兼任する
1902	35	51	*3-27* 陸軍大臣を辞任する
1903	36	52	*7-15* 第1次桂太郎内閣の内務大臣に就任する。*7-17* 文部大臣を兼任する(9月22日まで)。*10-12* 内務大臣を免ぜられ台湾総督専任となり，参謀本部次長に補せられる
1904	37	53	*2-* 日露戦争始まる。*6-6* 陸軍大将に昇進。*6-20* 満洲軍総参謀長に補せられ7月6日に東京を出発する
1905	38	54	*3-28* 戦況報告のため帰京。*5-* 朝鮮を経由して奉天に帰任。*9-5* ポーツマス条約締結。*12-7* 満洲軍総司令部凱旋帰京
1906	39	55	*4-11* 勲功により子爵に陞爵され，参謀総長に補せられ，台湾総督を免ぜられる。*7-14* 南満洲鉄道株式会社設立委員長。*7-23* 脳溢血で急逝

大澤博明（おおさわ　ひろあき）
1960年生まれ
大阪市立大学大学院法学研究科後期博士課程単位取得退学
専攻，日本政治史
現在，熊本大学法学部教授
主要著書・論文
『近代日本の東アジア政策と軍事』（成文堂2001）
「《征清用兵　隔壁聴談》と日清戦争研究」（『熊本法学』122号2011）
「均衡論と軍備」
（北岡伸一編『国際環境の変容と政軍関係』中央公論新社2013）
「朝鮮永世中立化構想と日本外交」
（井上寿一編『日本の外交』第１巻，岩波書店2013）

日本史リブレット人 089
児玉源太郎《こだまげんたろう》
明治陸軍のリーダーシップ
2014年９月25日　１版１刷　発行
2018年８月25日　１版２刷　発行
著者：大澤博明《おおさわひろあき》
発行者：野澤伸平
発行所：株式会社 山川出版社
〒101－0047　東京都千代田区内神田１－13－13
電話 03(3293)8131（営業）
03(3293)8135（編集）
https://www.yamakawa.co.jp/
振替 00120-9-43993
印刷所：明和印刷株式会社
製本所：株式会社 ブロケード
装幀：菊地信義

Printed in Japan ISBN 978-4-634-54889-3

日本史リブレット 人

1 卑弥呼と台与——仁藤敦史
2 倭の五王——森　公章
3 蘇我大臣家——佐藤長門
4 聖徳太子——大平　聡
5 天智天皇——須原祥二
6 天武天皇と持統天皇——義江明子
7 聖武天皇——寺崎保広
8 行基——鈴木景二
9 藤原不比等——坂上康俊
10 大伴家持——鐘江宏之
11 桓武天皇——西本昌弘
12 空海——曾根正人
13 円珍と円仁——平野卓治
14 菅原道真——大隅清陽
15 藤原良房——今　正秀
16 宇多天皇と醍醐天皇——川尻秋生
17 平将門と藤原純友——下向井龍彦
18 源信と空也——新川登亀男
19 藤原道長——大津　透
20 清少納言と紫式部——丸山裕美子
21 後三条天皇——美川　圭
22 源義家——野口　実
23 奥州藤原三代——斉藤利男
24 後白河上皇——遠藤基郎
25 平清盛——上杉和彦
26 源頼朝——高橋典幸
27 重源と栄西——久野修義
28 法然——平　雅行
29 北条時政と北条政子——関　幸彦
30 藤原定家——五味文彦
31 後鳥羽上皇——杉橋隆夫
32 北条泰時——三田武繁
33 日蓮と一遍——佐々木馨
34 北条時宗と安達泰盛——福島金治
35 北条高時と金沢貞顕——永井　晋
36 足利尊氏と足利直義——山家浩樹
37 後醍醐天皇——本郷和人
38 北畠親房と今川了俊——近藤成一
39 足利義満——伊藤喜良
40 足利義政と日野富子——田端泰子
41 蓮如——神田千里
42 北条早雲——池上裕子
43 武田信玄と毛利元就——鴨川達夫
44 フランシスコ＝ザビエル——浅見雅一
45 織田信長——藤田達生
46 徳川家康——藤井讓治
47 後水尾天皇と東福門院——山口和夫
48 徳川光圀——鈴木暎一
49 徳川綱吉——福田千鶴
50 渋川春海——林　淳
51 徳川吉宗——大石　学
52 田沼意次——深谷克己
53 遠山景元——藤田　覚
54 酒井抱一——玉蟲敏子
55 葛飾北斎——小林　忠
56 塙保己一——高埜利彦
57 伊能忠敬——星埜由尚
58 近藤重蔵と近藤富蔵——谷本晃久
59 二宮尊徳——舟橋明宏
60 平田篤胤と佐藤信淵——小野　将
61 大原幽学と飯岡助五郎——高橋　敏
62 ケンペルとシーボルト——松井洋子
63 小林一茶——青木美智男
64 鶴屋南北——諏訪春雄
65 中山みき——小澤　浩
66 勝小吉と勝海舟——大口勇次郎
67 坂本龍馬——井上　勲
68 土方歳三と榎本武揚——宮地正人
69 徳川慶喜——松尾正人
70 木戸孝允——一坂太郎
71 西郷隆盛——（交渉中）
72 大久保利通——佐々木克
73 明治天皇と昭憲皇太后——佐々木隆
74 岩倉具視——坂本一登
75 後藤象二郎——鳥海　靖
76 福澤諭吉と大隈重信——池田勇太
77 伊藤博文と山県有朋——西川　誠
78 井上馨——神山恒雄
79 河野広中と田中正造——（交渉中）
80 尚泰——我部政男
81 森有礼と内村鑑三——狐塚裕子
82 重野安繹と久米邦武——松沢裕作
83 徳富蘇峰——中野目徹
84 岡倉天心と大川周明——塩出浩之
85 渋沢栄一——井上　潤
86 三野村利左衛門と益田孝——森田貴子
87 ボアソナード——池田眞朗
88 島地黙雷——山口輝臣
89 児玉源太郎——大澤博明
90 西園寺公望——永井　和
91 桂太郎と森鷗外——荒木康彦
92 高峰譲吉と豊田佐吉——鈴木　淳
93 平塚らいてう——差波亜紀子
94 原敬——季武嘉也
95 美濃部達吉と吉野作造——古川江里子
96 斎藤実——小林和幸
97 田中義一——加藤陽子
98 松岡洋右——田浦雅徳
99 溥儀——塚瀬　進
100 東条英機——古川隆久

〈白ヌキ数字は既刊〉